누구나 쉽게
캔바로 끝내는

콘텐츠 디자인

누구나 쉽게 캔바Canva로 끝내는
콘텐츠 디자인

ⓒ 2024. 김민아 All rights reserved.

1판 1쇄 발행 2024년 3월 6일
1판 3쇄 발행 2024년 11월 22일

지은이 김민아(캔바 아몬드)
펴낸이 장성두
펴낸곳 주식회사 제이펍

출판신고 2009년 11월 10일 제406-2009-000087호
주소 경기도 파주시 회동길 159 3층 / **전화** 070-8201-9010 / **팩스** 02-6280-0405
홈페이지 www.jpub.kr / **투고** submit@jpub.kr / **독자문의** help@jpub.kr / **교재문의** textbook@jpub.kr

소통기획부 김정준, 이상복, 안수정, 박재인, 송영화, 김은미, 배인혜, 권유라, 나준섭
소통지원부 민지환, 이승환, 김정미, 서세원 / **디자인부** 이민숙, 최병찬

기획 및 진행 송찬수 / **내지 및 표지디자인** 다람쥐생활
용지 타라유통 / **인쇄** 한길프린테크 / **제본** 일진제책사

ISBN 979-11-92987-90-3 (13000)
책값은 뒤표지에 있습니다.

제이펍은 여러분의 아이디어와 원고를 기다리고 있습니다. 책으로 펴내고자 하는 아이디어나 원고가 있는 분께서는
책의 간단한 개요와 차례, 구성과 지은이/옮긴이 약력 등을 메일(submit@jpub.kr)로 보내 주세요.

누구나 쉽게
캔바 Canva로 끝내는

콘텐츠 디자인

김민아(캔바 아몬드) 지음

템플릿과 생성형 인공지능으로
쉽게 완성하는 브랜딩 콘텐츠 & 숏폼 영상 편집

제이펍

차례

CHAPTER 01 콘텐츠 디자인을 위한 기본기 다지기

디자인 요소 자유자재로 편집하기

CHAPTER 02

디자인이 수월해지는 인공지능 사용하기

캔바의 영상 편집 기능 익히기

CHAPTER 05 캔바로 콘텐츠 디자인하기

CHAPTER 06   작업의 효율을 높여 주는 고급 기능

캔바를 이용하여 원하는 디자인을 손쉽게 완성할 수 있도록, 캔바의 기본 인터페이스부터 다양한 요소 편집 방법, 그리고 실제 활용할 수 있는 디자인 제작 실습까지 체계적으로 구성하였습니다. 디자이너가 아니더라도 지금 당장 필요한 디자인을 캔바로 뚝딱 완성할 수 있습니다.

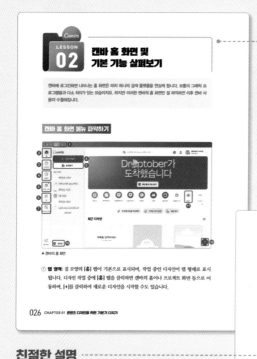

LESSON

캔바의 주요 기능을 차근차근 익힐 수 있도록 기초 사용 방법을 소개하고, 다양한 종류의 디자인을 직접 완성해 볼 수 있도록 체계적으로 구성하였습니다.

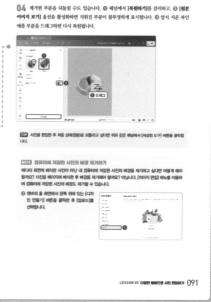

친절한 설명

단계별 따라 하기 형식의 실습과 실수를 방지할 수 있는 **TIP**이나 **NOTE** 구성, 세세한 지시선은 누구나 쉽게 캔바를 배울 수 있도록 안내합니다.

디자인 한 걸음 더 - - - - - - - - - -

캔바를 이용한 디자인 실력을 한 단계 더 높일
수 있도록, 디자인 지식이나 노하우 등 디자인
과 관련된 정보를 별도로 구성하였습니다.

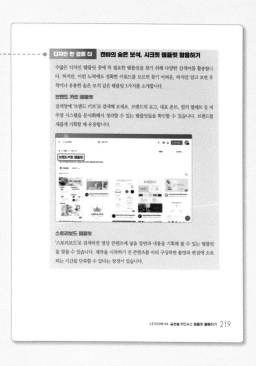

예제 템플릿 활용 https://bit.ly/template_jpub

이 책에서 설명하는 대부분의 실습은 별도의 예
제 파일이 없더라도 캔바에서 제공하는 기본 요
소들을 활용해 충분히 실습할 수 있습니다.

단, 일부 실습에 활용할 수 있는 예제 템플릿도
제공합니다. 위 URL에 접속한 후 다음과 같은
화면이 열리면 [템플릿을 사용해 새 디자인 만
들기] 버튼을 클릭한 후 각 페이지에서 실습을
진행하면 됩니다.

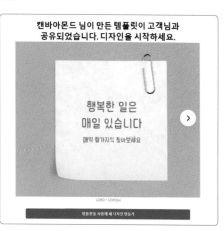

디자이너가 아닌 우리가
디자인 콘텐츠를 잘 만드는 방법

바야흐로 콘텐츠의 시대입니다. 같은 내용을 전달해도 콘텐츠의 종류에 따라 대중들의 반응이 크게 달라지는 것이나, 수천만 원의 광고비를 쓰는 것보다 수십만 원으로 만든 콘텐츠가 훨씬 더 많은 매출을 일으키는 것과 같은 콘텐츠의 힘을 이미 경험해 보신 분이 많을 겁니다.

다시 말해 '대중이 관심을 가질 법한 콘텐츠'를 '잘 만드는 것'이 무엇보다 중요한 시대입니다. 그럼 어떻게 해야 콘텐츠를 잘 만드는 것일까요? 좋은 콘텐츠, 잘 만든 콘텐츠가 되기 위해서는 다양한 요소를 고려해야 하지만, 그중 가장 중요한 포인트는 심미성과 기능성의 균형을 지키는 것입니다.

심미적이지 않은 콘텐츠는 사람들의 주목을 끌기 어렵습니다. 특히나 요즘은 하나의 콘텐츠에 오랜 시간을 할애하지 않으므로 더욱더 시각적으로 매력적인, 시선을 사로잡는 콘텐츠가 필요합니다. 하지만 콘텐츠의 생김새가 매력적이기만 해서는 부족합니다. 우리가 콘텐츠를 제작하는 주 목적이 어떠한 정보를 알리고 가치 있는 경험을 제공하는 것이기 때문입니다. 따라서 콘텐츠는 보기에 좋은 것은 물론이고, 쉽게 이해할 수 있어야 합니다. 즉, 콘텐츠 본연의 기능을 제대로 수행할 수 있어야 합니다.

▲ 심미성이 부족한 콘텐츠　　▲ 기능성이 부족한 콘텐츠　　▲ 심미성과 기능성이 조화를 이루는 콘텐츠

그렇다면 우리가 만든 콘텐츠의 심미성과 기능성이 조화로운지는 어떻게 판단할 수 있을까요? 조직 구성원이나 가까운 지인에게 물어볼 수 있겠지요. 하지만 결정적인 판단은 콘텐츠를 보는 일반 대중이 하게 됩니다. 따라서 콘텐츠를 만들 때는 가능한 빠르게 다양한 버전을 제작한 뒤 대중의 반응을 확인해야 합니다. 반응이 좋다면 이후에도 해당 포맷을 취하고, 그렇지 않다면 과감히 버린 후 새로 제작할 필요가 있습니다.

다 맞는 이야기인 건 알겠는데, 막상 콘텐츠를 만들려고 하니 어렵게만 느껴지나요? 매번 디자이너에게 부탁하기도 눈치 보이고, 그렇다고 대충 만들면 대중에게 선택받지 못할 테니 걱정이 앞서고 눈앞이 캄캄해질지도 모르겠네요. 여러분이 이 책을 펼친 이유가 바로 여기에 있을 것입니다. 디자인 지식이나 관련 경험이 없는 누구라도 놀라우리만치 쉽게 양질의 콘텐츠를 제작할 수 있는 방법, 바로 캔바(Canva)를 사용하는 것입니다.

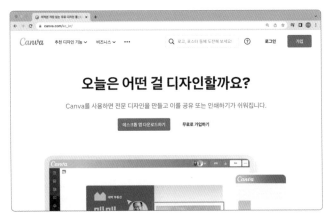

▲ https://www.canva.com/

캔바는 호주에서 만들었으며 드래그&드롭(Drag&Drop) 방식으로 가편하게 디자인할 수 있는 프로그램입니다. 가장 큰 특징이자 대표적인 장점은 다양한 무료 템플릿들이 준비되어 있고, 사용자는 간단하게 텍스트나 이미지 몇 개만 변경하여 콘텐츠를 완성할 수 있다는 점입니다. 디자인 경험이 없는 사람이라도 쉽게 사용할 수 있고, 콘텐츠 제작에 걸리는 시간을 비약적으로 단축할 수 있는, 글로벌 마케터들이 선호하는 콘텐츠 제작 프로그램으로 주목받고 있습니다.

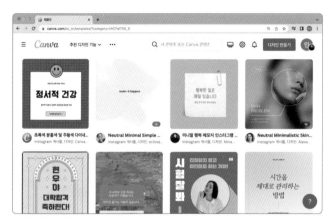
▲ 캔바의 다양한 무료 템플릿

이 책에서는 캔바를 이용해서 가장 효율적으로 콘텐츠를 만드는 방법을 소개합니다. '따라하기 어렵지는 않을까?'라는 걱정은 내려놓아도 됩니다. 온전히 초보자의 눈높이에 맞추어 설명할 거니까요. 단, 콘텐츠를 만들거나, 완성한 콘텐츠를 판단하는 기본적인 디자인 감각은 필요합니다. 하지만, 이런 디자인 감각은 단시간에 키우기 어렵습니다. 그러니 평소에 다양한 디자인 콘텐츠들을 눈여겨보거나, 캔바에서 제공하는 수많은 템플릿들을 직접 사용해 보면서 꾸준하게 디자인 감각을 키우는 데 소홀함이 없어야 할 것입니다. 앞으로 콘텐츠를 제작할 때 캔바와 제가 여러분에게 큰 힘이 되길 진심으로 바라고, 응원하겠습니다.

캔바 앰버서더

김민아 드림

 카카오톡 오픈 채팅 **캔바 디자이너 커뮤니티**

저자가 운영하는 캔바 사용자 모임입니다. 캔바를 사용하면서 궁금한 점이 있거나 완성한 디자인에 대해 여러 사람의 의견을 얻고 싶을 방문해 보세요. 여러분의 디자인 콘텐츠가 더욱 풍성해질 것입니다.

https://open.kakao.com/o/gn6HzRQe

콘텐츠 디자인을 위한
기본기 다지기

LESSON 01

캔바 사용을 위한
준비 시작하기

캔바는 회원 가입 후 누구나 무료로 사용할 수 있습니다. 하지만 무료 버전에서는 기능 제약이 있으므로, 제대로 캔바를 활용하고 싶다면 유료 버전인 캔바 Pro를 구독하는 것이 좋습니다. 책에서도 캔바 Pro를 포함하여 설명합니다.

캔바 회원 가입하기

캔바를 사용하려면 우선 회원으로 가입해야 합니다. 회원으로 가입 즉시 무료로 캔바를 사용할 수 있으며, 이후 필요에 따라 유료인 캔바 Pro를 구독하면 됩니다.

01 캔바(www.canva.com)에 접속한 후 오른쪽 위에 있는 **[가입]** 버튼이나 화면 중앙에 표시된 **[무료로 가입하기]** 버튼을 클릭합니다. 운영체제 등에 따라 **[무료 회원 가입하기]** 버튼이 표시될 수도 있습니다.

02 Canva 이용 약관 팝업 창이 열리면 ❶ 각 항목에 동의한 후 ❷ **[동의 및 계속]** 버튼을 클릭합니다.

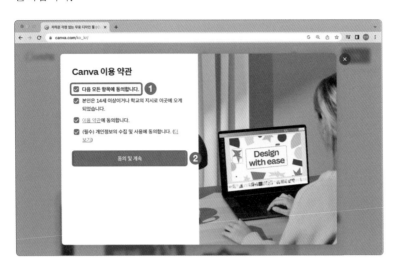

03 캔바는 기존에 보유하고 있는 다양한 이메일 계정으로 가입할 수 있습니다. 원하는 방법을 선택하면 됩니다. 이때 선택한 이메일 주소가 로그인 아이디가 되므로, 실제 사용 중인 계정을 이용해야 합니다.

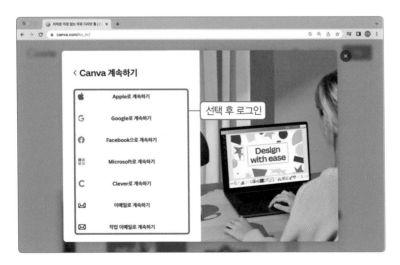

04 계속해서 사용자 경험 또는 다음과 같은 사용 목적을 선택하는 화면이 나타나면 적절하게 선택하여 회원 가입을 마친 후 캔바를 시작합니다.

> **TIP** 사용자 경험 또는 사용 목적 선택 화면은 가입 시기나 계정 종류에 따라 나타나지 않을 수도 있습니다. 이러한 사용자 경험이나 목적을 묻는 이유는 목적에 맞는 디자인을 추천해 주기 위한 과정입니다. 그러므로 정확히 일치하는 것이 없다면 비슷한 것을 선택해도 괜찮습니다.

유료로 캔바 사용하기

캔바에 가입 즉시 무료 회원이 되며, 유료로 캔바 Pro(Canva Pro)를 구독하면 더 많은 디자인 소스와 템플릿을 사용할 수 있고, 사진 배경 제거 기능이나 브랜드 디자인 시스템을 관리할 수 있는 고급 기능이 제공됩니다.

캔바 Pro는 개인 사용자 기준 월간 플랜과 연간 플랜으로 구분되며, 월간 플랜은 1명 기준 매월 14,000원을, 연간 플랜은 매년 129,000원을 지불합니다. 연간 플랜은 1년 비용을 한 번에 지불하는 대신 월로 환산했을 때 10,750원으로 월간 플랜에 비해 구독료가 조금 저렴하다는 장점이 있습니다. 캔바 Pro 구독은 다음과 같은 방법으로 진행합니다.

01 캔바(www.canva.com)에 접속해서 로그인한 후 화면 왼쪽에 표시된 [Canva Pro 사용해 보기] 버튼을 클릭합니다.

02 캔바 Pro를 처음 사용한다면 무료로 30일 동안 사용할 수 있습니다. 다음과 같이 무료 사용하기 팝업 창이 열리면 ❶ [무료 체험 시작하기] 버튼을 클릭한 후 ❷ 연간과 월간 중 원하는 구독 형태를 선택하고 ❸ [다음] 버튼을 클릭합니다.

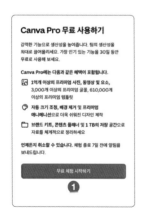

03 ❶ 결제 시 사용할 카드 번호 및 관련 정보를 입력하고 ❷ [**무료 체험하기**] 버튼을 클릭합니다. 첫 결제는 30일 무료 체험이 끝난 후 진행되므로 무료 체험 기간 중 구독을 취소하면 추가 결제는 진행되지 않습니다. ❸ 캔바 Pro 구독 신청이 끝나면 브랜드 관리에 대한 설명이 나타납니다. 추후 설정해도 되므로 [**나중에**] 버튼을 클릭합니다.

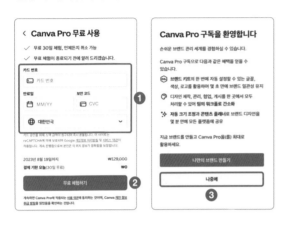

04 이어서 사용 목적을 선택하면 다음과 같은 팀원 추가 화면이 나타납니다. 여기서 팀원을 추가하면 단체용 캔바로 전환되어 추가 비용이 발생합니다. 그러므로 여기서는 오른쪽 위에 있는 [**나중에 하기**] 버튼을 클릭하여 유료 사용을 시작합니다. 만약 팀원 추가 화면이 열리지 않는다면, 로그인 후 화면 왼쪽 아래에 있는 [**팀 만들기**]를 클릭하면 됩니다.

NOTE 조직 내 업무 협업을 위한 단체용 캔바 사용하기

앞에서 소개한 과정은 캔바 Pro 1인 사용자를 위한 내용입니다. 만약 조직 내에서 3명 이상이 캔바를 사용해야 한다면 단체용 캔바 플랜을 이용합니다.

https://www.canva.com/ko_kr/for-teams/

단체용 캔바를 구독하면 1인당 월 11,000원이 추가됩니다. 사용자마다 캔바 Pro를 이용하는 것에 비해 1인당 구독 비용이 저렴합니다. 또한, 개인 사용자에 비해 보안이 더욱 강화되며, 실시간 댓글이나 팀 보고서 등 업무적으로 협업할 수 있는 기능이 추가된다는 장점이 있습니다.

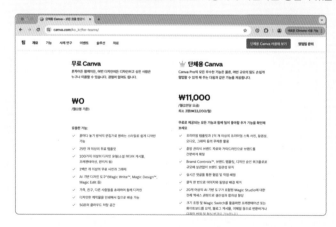

단체용 캔바 사용은 최소 3인부터 이용할 수 있으며, 1인이 추가될 때마다 월 구독료가 비례하여 증가하는 방식입니다. 정확한 견적은 요금제 안내 페이지(https://www.canva.com/ko_kr/for-teams/#pricing)에서 확인할 수 있습니다.

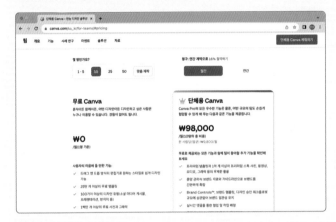

TIP 단체용 캔바를 사용해도 하나의 계정에서 작업하는 디자인이 다른 팀원들에게 자동으로 공유되지 않습니다. 팀원들과 공유하고 싶은 디자인이 있다면 공유하기 옵션을 따로 선택해야 합니다.

캔바 앱 다운로드 및 설치하기

캔바는 웹브라우저에서 로그인하여 그대로 사용하거나 별도의 앱을 설치하여 사용할 수 있습니다. 아래의 화면을 보면 알 수 있듯이 어느 방법을 이용하든 기능이나 인터페이스의 차이는 없습니다. 다만, 사용성 측면에서 웹브라우저보다는 앱을 사용하는 것이 더 효과적입니다. 또한, 이후 책의 내용도 앱을 기준으로 설명합니다.

▲ 웹브라우저에서 사용 중인 캔바

▲ 데스크톱 앱을 설치하여 실행한 캔바

01 캔바 앱을 설치하는 방법은 간단합니다. 캔바(https://www.canva.com/)에 접속하여 로그인하고 오른쪽 위에 있는 ❶ 프로필 이미지를 클릭한 후 ❷ [Canva 앱 다운로드]를 선택합니다

02 현재 사용하는 운영체제에 따라 다운로드 페이지가 열리면 [Canva 다운로드] 버튼을 클릭합니다.

TIP 위 화면은 macOS용 데스크톱 앱 다운로드 화면이며, Windows를 사용 중이라면 'Mac용 Canva' 위치에 'Windows용 Canva'라고 표시됩니다.

03 다운로드한 앱 설치 파일을 찾아 더블 클릭해서 실행하면 아래와 같은 화면이 나타납니다. 앱을 사용하기 위해서는 먼저 웹브라우저에서 로그인해야 하므로 **[브라우저에서 계속하기]** 버튼을 클릭하여 로그인 과정을 진행합니다.

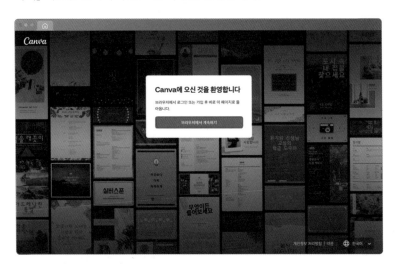

TIP 캔바 앱을 사용할 때에도 웹브라우저에서 사용할 때와 마찬가지로 인터넷에 연결되어 있어야 합니다.

정상적으로 로그인이 되면 오른쪽 위에 프로필 이미지가 표시된 캔바 앱이 실행됩니다. 이후에는 바탕화면이나 프로그램 목록에 추가된 **[Canva]** 아이콘을 클릭해서 실행하면 됩니다.

NOTE 모바일에서 캔바 사용하기

캔바는 데스크톱과 모바일에서 모두 사용할 수 있습니다. 모바일에서 사용하고 싶다면 사용 중인 스마트폰에서 '캔바' 또는 'canva'로 검색하여 앱을 설치합니다. 그런 다음 데스크톱에서와 같은 계정으로 로그인하면 데스크톱에서 진행하던 작업을 스마트폰에서도 이어서 진행할 수 있습니다.

LESSON 02

캔바 홈 화면 및
기본 기능 살펴보기

캔바에 로그인하면 나타나는 홈 화면은 마치 하나의 검색 플랫폼을 연상케 합니다. 보통의 그래픽 프로그램들과 다소 차이가 있는 모습이지요. 하지만 이러한 캔바의 홈 화면만 잘 파악하면 이후 캔바 사용이 수월해집니다.

캔바 홈 화면 메뉴 파악하기

▲ 캔바의 홈 화면

① **탭 영역:** 집 모양의 [홈] 탭이 기본으로 표시되며, 작업 중인 디자인이 탭 형태로 표시됩니다. 디자인 작업 중에 [홈] 탭을 클릭하면 캔바의 홈이나 프로젝트 화면 등으로 이동하며, [+]를 클릭하여 새로운 디자인을 시작할 수도 있습니다.

② **홈:** 캔바 앱을 실행하면 나오는 첫 화면(홈 화면)에 있음을 의미합니다. 다른 화면에서 **[홈(으)로 돌아가기]**를 선택하거나 화면 왼쪽 위에 있는 캔바 로고를 클릭하면 다시 홈 화면으로 돌아옵니다. 홈 화면에서는 템플릿을 검색하거나 최근에 작업한 디자인을 바로 선택해서 사용할 수 있습니다.

③ **프로젝트:** 캔바에서 작업한 디자인 작업물을 관리하는 화면으로 이동합니다.

④ **템플릿:** 캔바에서 제공하는 다양한 템플릿을 검색할 수 있는 화면으로 이동합니다.

⑤ **브랜드 센터:** 일관된 디자인을 위한 브랜드 디자인 시스템을 관리할 수 있는 화면으로 이동합니다.

⑥ **앱:** 캔바와 연동하여 사용할 수 있는 다양한 앱을 확인할 수 있는 화면으로 이동합니다.

⑦ **Dream Lab:** 드림 랩은 텍스트를 입력하면 AI가 이미지를 만들어 주는 기능입니다.

⑧ **디자인 만들기:** 새로운 디자인 작업을 시작할 수 있습니다.

⑨ **팀 만들기:** 함께 작업하는 팀원들을 초대해서 팀을 만드는 화면으로 이동합니다.

⑩ **휴지통:** 삭제한 디자인 작업물이 보관되는 화면으로 이동합니다. 삭제한 디자인 작업물은 30일 이내에는 복원할 수 있으며, 30일이 지나면 영구 삭제됩니다.

⑪ **업로드:** 사용자의 PC에 저장되어 있는 사진, 영상, PDF 파일 등을 업로드하여 디자인에 활용할 수 있습니다.

⑫ **도움말:** 캔바를 사용하면서 생기는 문제나 궁금증을 해결할 수 있습니다.

NOTE 캔바에 업로드할 수 있는 파일의 종류
- 이미지: JPEG, PNG, HEIC, WEBP
- 동영상: MOV, GIF, MP4, MPEG, MKV
- 파일: PDF, Word, PowerPoint, Excel, Illustrator, Photoshop

일러스트레이터 및 포토샵 파일을 업로드하는 자세한 방법은 아래 링크를 참고하세요.
https://www.canva.com/ko_kr/help/ai-import/

디자인이 쉬워지는 캔바 템플릿 활용

캔바의 여러 장점 중 하나로 수많은 템플릿이 있습니다. 사용자는 필요에 따라 템플릿을 선택해서 사용할 수 있으며, 템플릿만 잘 선택해도 작업의 절반 이상은 끝났다고 봐도 무방합니다. 원하는 템플릿을 찾는 방법과 디자인 페이지에서 템플릿 적용 방법을 소개합니다.

홈 화면에서 검색하기

상단에 있는 검색창에 원하는 키워드를 입력하고 Enter를 눌러 검색해 보세요. 검색 결과 화면이 열리면 검색창 아래 [Canva 템플릿] 탭을 클릭하여 검색한 키워드와 관련된 템플릿을 확인할 수 있습니다.

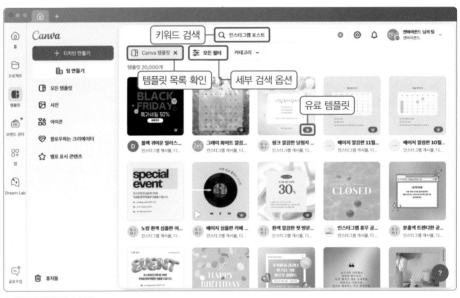

▲ 템플릿 검색 결과 화면

템플릿의 종류가 너무 많아서 원하는 템플릿을 찾기 어렵다면 검색 결과 화면 왼쪽 위에 있는 [모든 필터] 버튼을 클릭한 후 세부적으로 검색 옵션을 설정할 수 있습니다.

템플릿 목록은 유료와 무료 템플릿이 섞여 있으며, 템플릿 썸네일의 오른쪽 아래에 왕관 표시가 있는 것이 유료입니다. 즉, 왕관 표시가 있는 템플릿은 캔바 Pro 사용자만 이용할 수 있는 프리미엄 템플릿입니다.

템플릿 화면에서 찾기

왼쪽 메뉴 바에서 [템플릿]을 선택하면 다음과 같은 템플릿 화면이 열립니다. 템플릿 화면의 왼쪽 메뉴 바에서 1차 카테고리를 선택한 후 점차 세부 카테고리를 선택하는 방식으로 사용할 템플릿의 범위를 좁힙니다. 그런 다음 오른쪽 템플릿 목록에서 원하는 템플릿을 찾아 선택하면 됩니다.

카테고리만으로 원하는 템플릿을 찾기 어렵다면 위쪽에 있는 검색창을 이용하거나, [모든 필터] 버튼 및 [모든 필터] 버튼 오른쪽에 있는 버튼에서 원하는 형식이나 스타일 등을 설정하여 관련된 템플릿만 확인할 수도 있습니다.

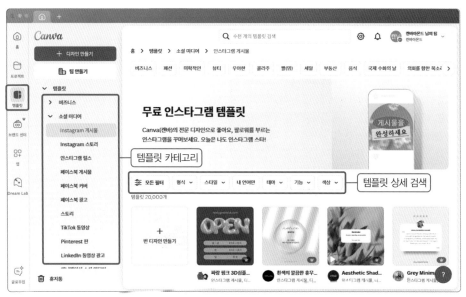

▲ 템플릿 화면

페이지 생성 후 템플릿 적용하기

원하는 템플릿을 선택하면 새로운 디자인이 시작됩니다. 반대로 새로운 디자인을 시작한 후 템플릿을 찾아 적용할 수도 있습니다. 새로운 디자인을 시작하면 빈 디자인 페이지가 열리고, 왼쪽에는 [디자인] 도구의 [템플릿] 탭이 표시됩니다. ❶ [템플릿] 탭에서 원하는 템플릿을 검색해서 찾고, ❷ 템플릿을 선택하면 ❸ 곧바로 빈 페이지에 적용됩니다. Link 새로운 디자인을 시작하는 방법은 031쪽 에서 자세히 소개합니다.

NOTE 마음에 드는 템플릿이 있다면 별표해 두기

캔바에는 수백만 개의 템플릿이 있고, 매일 새로운 템플릿이 추가됩니다. 오늘 검색해서 첫 화면에 보였던 템플릿이라도 내일 다시 검색하면 바로 보이지 않을 수 있습니다. 그러므로 마음에 드는 템플릿을 발견했다면 당장 사용하지 않더라도 일단 저장해 두는 것이 좋습니다. 캔바에서 템플릿을 저장하려면 '별표 표시'를 해 두면 됩니다. 흔히 알고 있는 '즐겨찾기' 또는 '북마크'와 동일한 기능이지요.

마음에 드는 템플릿을 찾았다면 썸네일로 마우스 커서를 옮긴 후 썸네일 오른쪽 위에 표시되는 별표 모양을 클릭하면 됩니다. 정상적으로 별표 표시가 되었다면 화면 위에 '별표 표시'라는 팝업이 나타나고, 이후 에디터 화면의 [프로젝트] 메뉴에서 찾아서 사용할 수 있습니다. Link 069쪽 에서 자세히 소개합니다.

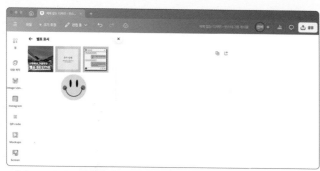

▲ [별표 표시] 폴더에 담긴 별표 표시한 템플릿

빈 페이지에서 새로운 디자인 시작하기

템플릿을 사용하지 않고 비어 있는 페이지에서 디자인을 시작할 수도 있습니다. 가장 기본적
인 방법으로 홈 화면의 검색창 아래에서 ❶ 만들고 싶은 디자인 콘텐츠의 종류를 선택하면
선택한 콘텐츠의 종류에 따라 알맞은 규격과 포맷이 적용된 항목이 표시됩니다. 용도에 따라
원하는 항목을 클릭하면 바로 디자인을 시작할 수 있습니다. ❷ 만약 적절한 항목이 없다면
[맞춤형 크기] 버튼을 클릭해서 직접 설정할 수도 있습니다.

홈 이외의 다른 화면이 열려 있다면 화면 왼쪽 위에 있는 **[디자인 만들기]** 버튼을 클릭하여 새로운 디자인을 시작할 수도 있습니다. 버튼을 클릭한 후 팝업 메뉴에서 원하는 항목을 선택하거나 **[맞춤형 크기]**를 선택하여 가로세로 크기를 설정할 수 있습니다.

폴더 만들고 디자인 작업 관리하기

캔바에서 템플릿을 선택하거나 새로운 디자인을 시작하면 따로 저장하지 않아도 자동으로 저장됩니다. 매우 편리한 시스템이지만, 캔바를 오래 사용하다 보면 작업물들이 마구잡이로 쌓이게 되어 원하는 디자인을 찾는 데 힘들어질 수 있습니다. 그러므로 효율적인 캔바 활용을 위해서는 폴더를 만들어서 디자인 작업들을 관리하는 것이 좋습니다.

폴더를 만들려면 우선 홈 화면의 왼쪽 메뉴 바에서 **[프로젝트]**를 선택하여 프로젝트 화면으로 이동합니다. 다음과 같은 프로젝트 화면이 열리면 오른쪽 위에 있는 ❶ **[새 항목 추가하기]** 버튼을 클릭한 후 ❷ **[폴더]**를 선택합니다. 추가한 폴더는 프로젝트 화면의 중간에 표시됩니다.

▲ 캔바의 프로젝트 화면

'폴더' 영역에서 사용할 폴더를 클릭해서 폴더 안으로 이동한 후에는 [**디자인 추가**] 버튼을 클릭하여 기존 디자인을 현재 폴더에 담거나 [**디자인 만들기**] 버튼을 클릭하여 새로운 디자인을 시작합니다. 또한, 컴퓨터에 있는 파일을 직접 드래그하여 폴더에 보관할 수도 있습니다.

▲ 빈 폴더 화면

TIP 꼭 폴더 내부에서 새로운 디자인을 시작하지 않더라도 이후 자유롭게 디자인 작업물을 원하는 폴더로 옮길 수 있습니다. 캔바의 프로젝트 화면에 나열되어 있는 디자인 작업의 썸네일에 마우스 커서를 옮긴 후 […] 아이콘을 클릭한 다음 [폴더로 옮기기]를 선택하면 됩니다.

NOTE 클라우드에 저장된 파일을 캔바로 가져오기

데스크톱에 저장되어 있는 파일은 앞서 폴더 내의 [업로드] 버튼이나 디자인 작업 중 화면 왼쪽에 있는 [업로드 항목] 도구 혹은 디자인 페이지로 직접 드래그하여 손쉽게 캔바로 업로드할 수 있습니다. 하지만 모든 자료가 데스크톱에 저장되어 있지는 않죠? 요즘에는 대부분의 파일을 클라우드 서비스에 보관하므로 클라우드에 보관 중인 파일도 캔바로 업로드할 수 있어야겠죠?

프로젝트 화면에서 오른쪽 위에 있는 [새 항목 추가하기] 버튼을 클릭하고 [앱에서 가져오기]를 선택하면 대표적인 클라우드 서비스(Google Drive, OneDrive, Dropbox)가 나타납니다. 여기서 사용하는 서비스를 선택한 후 계정을 연결하면 이후 편리하게 해당 서비스에 보관 중인 파일을 캔바로 가져올 수 있습니다.

▲ 구글 드라이브(Google Drive)로 연결하기

디자인 에디터 화면 살펴보기

캔바 홈 화면에서 템플릿을 선택하거나 새로운 디자인 작업을 시작하면 [홈] 탭 오른쪽에 새로운 탭이 추가되면서 실제 디자인이 진행되는 에디터 화면이 열립니다. 에디터 화면의 각 요소와 디자인에 사용되는 각종 메뉴에 대해 살펴보겠습니다.

에디터 화면 파악하기

▲ 페이지 썸네일 펼치기 전

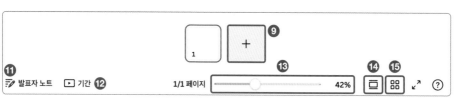

▲ 페이지 썸네일 펼친 후

① **작업 탭:** 디자인 작업이 시작되면 탭 영역에 새로운 작업 탭이 추가됩니다. [+] 버튼을 클릭하여 새로운 디자인을 시작할 수 있고, [홈] 아이콘을 클릭하면 홈 화면으로 이동합니다.

② **디자인 도구 바:** 디자인 작업 중에 사용할 수 있는 각종 도구들이 아이콘으로 나열되어 있습니다. 각 도구의 명칭이나 위치는 업데이트 등으로 인해 수시로 변경될 수 있습니다. **Link** 디자인 도구 바는 이후 039쪽 에서 다시 설명합니다.

> **TIP** Ctrl + / 를 누르면 도구 바의 패널을 펼치거나 닫을 수 있습니다.

③ **파일:** 새로운 디자인 만들기, 폴더에 저장 등 디자인 작업을 관리하는 데 필요한 메뉴들이 모여 있습니다. **Link** [파일] 메뉴는 042쪽 에서 자세히 설명합니다.

④ **크기 조정:** 현재 디자인 페이지의 크기를 조정하거나 다른 언어로 변경하는 등의 기능이 포함되어 있습니다. 캔바 Pro에서만 사용할 수 있습니다.

⑤ **이름:** 현재 디자인 작업의 이름을 확인하고 클릭해서 변경할 수 있습니다. 이름을 변경하지 않으면 '제목 없는 디자인'처럼 임의로 부여되므로 새로운 디자인을 시작하면 가장 먼저 이름부터 변경하는 것이 좋습니다.

⑥ **공유:** 디자인이 끝나면 [공유] 버튼을 클릭한 후 [다운로드]를 선택하여 파일로 다운로드하거나 다른 사람 또는 소셜 미디어에 공유할 수 있습니다. **Link** 공유 기능은 044쪽 에서 자세히 설명합니다.

⑦ **페이지:** 실제 디자인 작업이 진행되는 캔버스입니다.

⑧ **요소 편집 메뉴:** 페이지에 삽입한 요소를 선택하면 요소에 따라 편집 관련 메뉴가 나타납니다.

⑨ **페이지 추가:** 새로운 디자인 페이지를 추가합니다.

⑩ **댓글:** 현재 디자인 페이지에 댓글을 남길 수 있습니다. 사용자를 멘션하거나 답글을 남기는 기능도 있어 여러 명이 공동으로 작업할 때 유용합니다.

▲ 댓글 입력 창

⑪ **발표자 노트:** 페이지에 대한 메모를 적을 수 있습니다. 프레젠테이션 시 유용합니다.

⑫ **기간:** 페이지 썸네일이 열린 상태에서만 표시되며, 디자인을 동영상 형식으로 변경할 수 있는 버튼입니다.

⑬ **페이지 확대/축소:** 작업 중인 디자인 페이지를 확대 또는 축소해서 작업할 수 있습니다. 키보드에서 [Ctrl]을 누른 상태로 마우스 휠을 위아래로 움직여서 확대/축소할 수도 있습니다.

⑭ **썸네일:** 현재 디자인에 있는 모든 페이지가 하단에 썸네일 형식으로 나옵니다.

⑮ **그리드뷰:** 여러 페이지를 작업할 때 현재 디자인 작업물에 포함된 모든 페이지를 일괄 확인할 수 있습니다.

▲ 그리드뷰 보기 상태

NOTE **캔바 어시스턴트 활용하기**

캔바에는 다양한 기능이 있고, 지속적인 업데이트로 새로운 기능이 추가되고 있습니다. 그러므로 캔바를 사용 중에 원하는 기능을 찾아서 쓰는 게 힘들 때도 있습니다. 이러한 사용자들의 고충을 해소하기 위해 자주 사용되는 주요 기능을 한곳에서 찾아서 쓸 수 있도록 캔바 어시스턴트 기능을 제공합니다. 캔바 어시스턴트를 사용하려면 에디터 화면에서 오른쪽 아래에 있는 아이콘을 클릭하거나 키보드에서 ⌨를 눌러 빠르게 실행할 수 있습니다.

팝업 창이 열리면 목록에서 자주 사용되는 기능이나 요소를 편리하게 찾아 바로 디자인에 사용하거나 키워드 등으로 검색하여 찾을 수 있습니다.

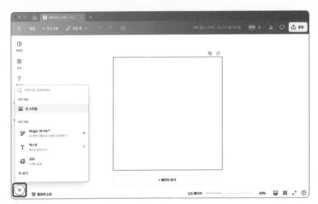 

캔바 어시스턴트는 페이지에서 현재 선택 중인 요소에 따라 적절한 기능이 표시되므로, 디자인 중에 혹은 요소 편집 중에 사용하면 큰 도움을 받을 수 있습니다.

▲ 사진 요소를 선택했을 때   ▲ 텍스트 요소를 선택했을 때

디자인 도구 바 살펴보기

디자인 도구 바에서 각 도구를 클릭하면 포함되어 있는 세부 기능들이 나타납니다. 각 도구의 기본 기능을 알아보겠습니다.

① **디자인**: [템플릿] 탭에서는 작업 중인 디자인 규격에 맞게 템플릿을 찾아 적용하고, [스타일] 탭에서는 다양한 컬러 배색, 글꼴 스타일로 변경할 수 있습니다.

② **요소**: 캔바에서 제공하는 다양한 그래픽 이미지, 사진, 차트, 표, 동영상, 음악 요소 등을 찾아 디자인에 사용할 수 있습니다. Link 각 요소에 대해서는 이후 060쪽 에서 자세히 소개합니다.

③ **텍스트:** [텍스트 상자 추가] 버튼을 클릭하여 가장 기본 형태의 텍스트 상자를 추가할 수 있습니다. 또한, 제목이나 부제목 스타일의 텍스트 상자부터 다양한 글꼴이 조합된 화려한 스타일의 텍스트도 추가할 수 있습니다.

④ **브랜드 센터:** 브랜드 키트를 관리할 수 있는 메뉴입니다.

Link 브랜드 키트 설정은 이후 **158쪽** 에서 자세히 설명합니다.

⑤ **업로드 항목:** 사용자가 가지고 있는 파일을 업로드하여 디자인에 사용할 수 있고, 업로드한 파일들을 관리할 수도 있습니다.

⑥ **Draw:** 원하는 종류의 도구를 선택한 후 페이지에서 자유
롭게 드로잉하면서 그림을 그릴 수 있습니다. 위에서부터
펜, 마커, 형광펜, 지우개, 선택 도구이며 드로잉 색상을
변경하거나 두께 및 투명도도 변경할 수 있습니다.

> **TIP** 선택 도구를 이용하면 페이지에 추가한 요소나 드로잉을 클릭
> 해서 선택할 수 있습니다.

⑦ **프로젝트:** 홈 화면에서 [프로젝트] 메뉴를 클릭하여 이동
했던 프로젝트 화면의 축소판으로, 폴더를 관리하고 저장
된 디자인 작업을 찾아 작업 중인 페이지에 추가하여 바
로 사용할 수 있습니다

⑧ **앱:** AI 이미지 생성 도구인 [Magic Media]나 다양한 목
업을 만들 수 있는 [Mockups] 등 디자인에 필요한 다양
한 앱을 사용할 수 있습니다. **Link** [Magic Media] 앱은 **112쪽**에
서, [Mockups] 앱은 **256쪽**에서 자세히 설명합니다.

파일 메뉴 살펴보기

캔바에서 왼쪽 위에 있는 [**파일**] 버튼을 클릭하면 다음과
같이 다양한 메뉴가 나타납니다.

① **파일 이름:** 현재 디자인 작업의 제목을 확인하거나 수정합니다.

② **새로운 디자인 만들기:** 새 디자인을 시작합니다.

③ **파일 가져오기:** 사용자가 가지고 있는 사진, 영상, 문서 파일 등을 업로드하여 디자인
   에 사용합니다.

④ **설정:** 눈금자와 가이드(그리드), 여백 등의 사용 설정을 변경할 수 있으며, 하위 메뉴 중
   [**언어**]를 선택하면 디자인 작업에 주로 사용할 언어를 변경할 수 있습니다.

⑤ **접근성 및 편의시설:** 디자인의 타이포그래피, 색상 대비 등을 분석하여 편하게 볼 수 있
   는지 판단해 줍니다.

⑥ **저장:** 작업 중인 디자인 작업을 저장합니다. [**저장**] 메뉴를 선택하지 않아도 캔바에서는
   실시간으로 자동 저장합니다. 하지만 간혹 인터넷 연결이 불안정하여 작업한 결과물이
   제대로 반영되지 않을 수도 있으므로, 중간에 한 번씩 확인해 주는 것이 좋습니다.

⑦ **폴더로 이동:** 작업 중인 디자인을 원하는 폴더에 저장합니다. 이미 다른 폴더에 저장되
   어 있는 디자인이라면 메뉴명이 [**폴더로 옮기기**]로 표시됩니다.

⑧ **복사:** 작업 중인 디자인의 사본을 만듭니다.

⑨ **다운로드:** 작업 중인 디자인을 이미지 또는 영상 파일로 다운로드합니다.

⑩ **버전 기록:** 다음과 같은 버전 기록 화면이 열리고 이전에 저장된 버전들을 확인하거나 원하는 버전으로 되돌릴 수 있습니다. 단, 캔바 Pro 사용자만 이용할 수 있습니다.

▲ 캔바의 버전 기록 화면

⑪ **휴지통으로 이동:** 현재 디자인을 삭제합니다.

⑫ **텍스트 찾기 및 바꾸기:** 현재 디자인 작업물에서 특정 텍스트를 찾아 다른 텍스트로 일괄 변경할 수 있습니다.

▲ 텍스트 찾아 바꾸기 창

공유 메뉴 살펴보기

캔바 오른쪽 위에 있는 [공유] 버튼을 클릭하면 다음과 같이 공유 관련 메뉴가 펼쳐집니다.

① **액세스 권한이 있는 사용자:** 현재 디자인 작업을 다른 캔바 사용자와 공유할 수 있습니다. 공유할 사용자의 캔바 계정을 입력하면 다음과 같이 [**편집 가능**], [**댓글 가능**], [**보기 가능**] 중에서 권한을 선택할 수 있습니다. 공동 작업을 원한다면 [**편집 가능**]으로 공유하고, 그렇지 않다면 [**댓글 가능**] 또는 [**보기 가능**] 권한으로 공유해야 결과물 손상을 예방할 수 있습니다.

② **협업 링크:** 현재 디자인 작업의 공유 링크를 생성할 수 있습니다. 이때 링크로 접속한 사용자의 권한을 설정할 수 있으며, [링크 복사] 버튼을 클릭해서 생성된 링크를 복사합니다.

TIP 링크 권한을 [본인만 액세스 가능]으로 설정하면 작업자 본인만 사용할 수 있으며, [링크가 있는 모든 사용자]로 설정하면 누구든지 링크만 있으면 해당 작업물에 접속해서 디자인을 확인하고 편집할 수 있습니다.

③ 자주 사용하는 공유 관련 옵션이 표시되는 영역입니다.

④ **다운로드:** 작업한 디자인을 원하는 파일 형식으로 다운로드합니다. 선택한 파일 형식에 따라 세부 옵션이 달라집니다. **Link** 선택할 수 있는 세부 파일 형식은 이후 **046쪽** 에서 자세히 설명합니다.

⑤ **공개 보기 링크:** 완성한 디자인을 링크로 전달할 수 있습니다. 링크를 받은 사람은 열람이 가능하지만 편집은 불가합니다.

⑥ **instagram:** 인스타그램 등 디자인의 크기에 맞는 SNS 아이콘이 자동으로 나옵니다.

⑦ **모두 보기:** 각 메뉴의 기능을 포함하여 디자인을 공유할 수 있는 모든 옵션을 확인할 수 있습니다.

NOTE 캔바에서 저장할 수 있는 파일 형식

❶ JPG, PNG: 가장 기본적인 이미지 파일 형식으로 로고, 인스타그램 포스트, 썸네일 등의 이미지를 저장할 때 적합합니다. JPG는 PNG보다 이미지를 더 많이 압축하기 때문에 파일 용량을 줄일 수 있지만 그만큼 화질도 낮아집니다. 흔히 소셜 미디어에는 JPG 형식을 사용하고, 로고와 같이 크기가 크지 않고 디테일이 중요한 디자인은 PNG 형식을 사용합니다.

❷ PDF 표준/PDF 인쇄: 컴퓨터나 모바일 기기에서 사용할 때는 PDF 표준을, 인쇄 목적으로 사용할 때는 PDF 인쇄를 선택합니다. PDF 인쇄를 선택하면 RGB(디지털용)와 CMYK(인쇄용) 중 원하는 색상 프로필을 선택할 수 있습니다.

❸ SVG: 확대하거나 축소해도 화질이 저하되지 않는 벡터 이미지입니다. 로고, 클립 아트, 일러스트레이션 등 웹 그래픽에 적합합니다. 캔바 Pro에서만 사용할 수 있는 형식입니다.

❹ MP4 동영상: 디자인에 영상이나 움직이는 애니메이션 효과를 사용했을 때 적합한 저장 형식입니다.

❺ GIF: MP4 동영상과 마찬가지로 움직이는 디자인을 저장할 때 사용합니다. 보통 길이가 1분 이내인 짧은 영상에 적합하고, 화질이 다소 떨어지는 편입니다.

레이어 시스템 이해하기

포토샵이나 일러스트레이터와 같은 디자인 프로그램을 사용해 봤다면 레이어의 개념을 이해하고 있을 것입니다. 캔바에서는 디자인 페이지에 배치한 각 요소가 레이어가 되며, 이러한 레이어 시스템은 일러스트레이터와 유사합니다.

캔바에서는 언제 레이어를 활용할까요? 페이지에 배치된 요소가 손으로 셀 수 있을 정도로 몇 개 되지 않는다면 디자인 페이지에서 직접 클릭해서 선택하면 됩니다. 하지만 아래와 같이 수없이 많은 요소를 이용하여 완성한 디자인이라면 어떨까요? 디자인을 수정하는 등 특정 요소를 선택해야 하는 상황이 발생하면 난감해질 것입니다. 이럴 때 레이어를 이용하면 원하는 요소를 빠르게 선택할 수 있습니다.

▲ 여러 요소를 이용해 완성한 디자인과 위치 패널의 [레이어] 탭

TIP 레이어 목록에서 Shift 나 Ctrl 을 누른 채 클릭하면 여러 개의 레이어를 선택할 수 있습니다.

[https://bit.ly/template_jpub] 예제 템플릿의 [**페이지 1**]을 열고 아래의 각 기능을 확인해 보세요.

레이어 목록 확인하기 ❶ 요소 편집 메뉴에서 [**위치**] 버튼을 클릭하면 ❷ 왼쪽에 위치 패널이 열리고 여기서 [**레이어**] 탭을 클릭하면 레이어 목록이 나타납니다. 현재 보이는 디자인 페이지에 포함된 전체 레이어(요소) 목록을 확인할 수 있습니다.

레이어 편집 메뉴 레이어 패널에서 레이어를 마우스 오른쪽 버튼으로 클릭하거나 레이어를 선택한 후 오른쪽 위에 표시되는 [⋯] 아이콘을 클릭하면 해당 레이어의 요소를 편집할 수 있는 메뉴가 나타납니다. 이 메뉴는 페이지에서 요소를 마우스 오른쪽 버튼으로 클릭해도 확인할 수 있습니다.

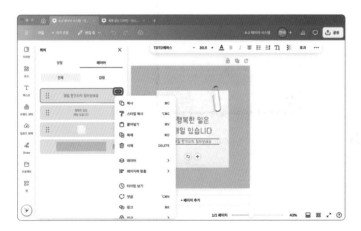

레이어 순서 변경 ① 레이어 목록에서 레이어를 클릭한 채 드래그해서 순서를 변경하면 ② 디자인 페이지에서도 요소의 배치 순서가 변경됩니다. 아래 예시에서는 종이 느낌의 이미지를 맨 위로 옮겼더니 아래쪽에 배치된 텍스트가 가려졌습니다. 이처럼 레이어 순서에 따라 페이지에 표시되는 결과가 달라집니다.

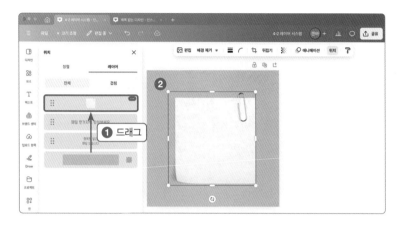

> **TIP** 요소의 배치 순서는 레이어 또는 페이지의 요소에서 마우스 오른쪽 버튼을 클릭한 후 [레이어] 메뉴를 이용하여 변경할 수도 있습니다.

겹침 레이어 확인 레이어 패널에서 ① [겹침] 탭을 클릭한 후 ② 임의의 레이어를 선택하면 페이지에서 선택한 레이어(요소)와 겹쳐 있는 레이어(요소)만 표시됩니다. 아래 예시에서는 중간에 있는 텍스트 레이어를 선택했더니 텍스트와 겹쳐진 이미지 레이어와 배경 레이어만 표시되었습니다.

▲ [전체] 탭

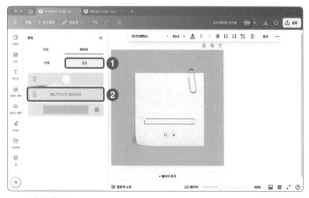

▲ [겹침] 탭

LESSON 05

정리된 디자인을 위한 가이드라인

깔끔한 디자인을 하고 싶다면 정렬 기능을 활용해서 각 요소를 배치해야 합니다. 정렬 기능과 함께 더욱 깔끔한 디자인에 도움을 주는 기능이 바로 가이드라인입니다. 가이드라인을 잘 활용하면 전체 레이아웃을 구성하거나 요소를 배치할 때 큰 도움이 됩니다.

가이드라인 활성화하기

가이드라인 기능을 사용하려면 우선 눈금자 및 가이드 표시 기능을 활성화해야 합니다. ❶ [파일] 버튼을 클릭한 후 ❷ [설정]-[눈금자 및 가이드 표시]를 선택하거나 단축키 Shift +R을 눌러 가이드라인을 활성화합니다.

▲ 눈금자 및 가이드 표시 활성화 전

가이드라인을 활성화하면 다음과 같이 페이지 위쪽과 왼쪽에 눈금자가 나타납니다. 이후 다시 가이드라인을 비활성화하려면 [파일]-[설정]-[눈금자 및 가이드 표시]를 선택하거나 단축키 Shift +R을 누릅니다.

▲ 눈금자 및 가이드 표시 활성화 후 표시된 눈금자

가이드라인 추가하기

눈금자를 표시하고 가이드라인을 활성화했으니 이제 가이드라인을 자유롭게 배치하면 됩니다.

가이드라인 선택하기 자주 사용하는 레이아웃에 맞는 가이드라인을 일괄 추가할 수 있습니다. ❶ [파일]-[설정]-[가이드 추가]를 선택하여 ❷ 가이드 추가 팝업 창이 열리면 원하는 레이아웃을 선택한 후 ❸ [가이드 추가] 버튼을 클릭하면 됩니다. ❹ 선택한 레이아웃에 따라 페이지에 가이드라인이 표시됩니다.

▲ [12개 열] 레이아웃의 가이드라인이 추가된 상태

맞춤형 가이드라인 사용하기 기본으로 제공하는 것 중에 원하는 레이아웃이 없다면 ❶ 가이드 추가 팝업 창에서 **[맞춤형]**을 선택한 후 ❷ 행과 열의 개수 및 간격과 여백을 직접 설정하고 ❸ **[가이드 추가]** 버튼을 클릭하면 됩니다.

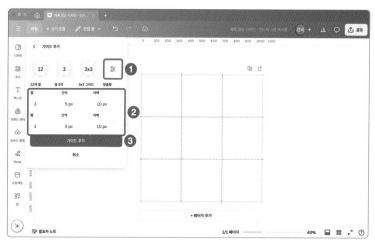

▲ 맞춤형으로 추가한 3행 3열의 가이드라인

개별 가이드라인 추가하기 가이드라인을 하나씩 추가하고 싶다면 위쪽 또는 왼쪽에 있는 눈금자로 마우스 커서를 옮긴 후 클릭한 채 원하는 위치로 드래그하면 됩니다. 위쪽 눈금자에서 드래그하면 행을 나눌 수 있고, 왼쪽 눈금자에서 드래그하면 열을 나눌 수 있습니다.

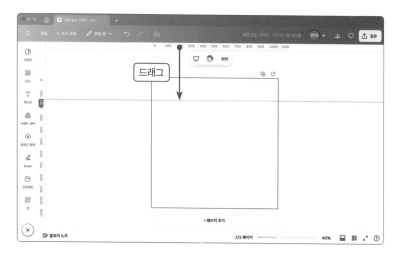

페이지의 특정 위치에서 마우스 오른쪽 버튼을 클릭한 후 [가이드] – [수평 가이드 추가] 또는 [수직 가이드 추가] 메뉴를 선택하여 해당 위치에 가이드라인을 추가할 수도 있습니다.

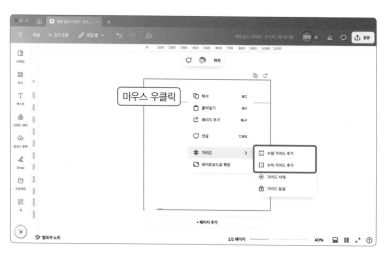

TIP 가이드라인은 해당 디자인의 모든 페이지에 일괄 적용됩니다.

가이드라인 편집하기

가이드라인을 모두 배치한 이후에는 [파일]-[설정] 메뉴를 선택하거나 페이지에서 마우스 오른쪽 버튼을 클릭하면 나타나는 메뉴를 이용하여 가이드라인이 움직이지 않도록 잠그거나 필요에 따라 추가/삭제할 수 있습니다.

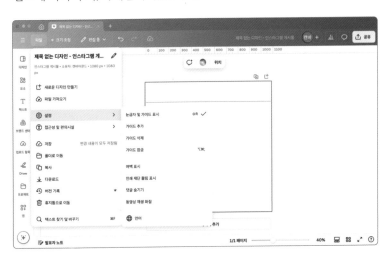

가이드라인 잠금기 [파일]-[설정 보기]-[가이드 잠금]을 선택하거나 단축키 Ctrl + Alt + ; 을 누르면 가이드라인이 잠금 처리되어 위치를 변경하거나 제거할 수 없습니다. 다시 [파일]-[설정 보기]-[가이드 잠금]을 선택하거나 단축키 Ctrl + Alt + ; 을 누르면 잠금을 해제할 수 있습니다.

전체 가이드라인 삭제하기 [파일]-[설정 보기]-[가이드 삭제]를 선택하면 모든 가이드라인이 삭제됩니다.

> **TIP** Shift + R 을 눌러 가이드라인을 비활성화하면 모든 가이드라인이 사라지며, 이후 다시 활성화하면 가이드라인이 다시 나타납니다. 그러므로 추후 다시 사용할 거라면 삭제하지 말고 가이드라인을 비활성화해서 숨김 처리하는 것이 좋습니다.

특정 가이드라인만 삭제하기 가이드라인 중 일부만 삭제하고 싶다면 해당 가이드라인으로
마우스 커서를 옮긴 후 커서 모양이 다음과 같이 바뀌면 페이지 바깥으로 드래그하여 삭제할
수 있습니다.

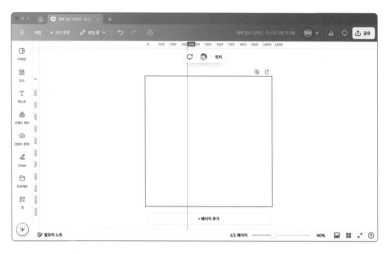

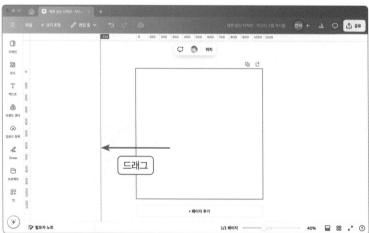

캔바 작업 순서, 처음부터 훑어보기

LESSON 06

지금까지 캔바의 메뉴 구성과 기본적인 사용법을 알아보았습니다. 이제 본격적인 디자인을 시작하기에 앞서 배운 내용을 복습한다는 생각으로, 캔바에서 디자인을 시작하고, 완성한 후 공유 및 다운로드하는 일련의 과정을 가볍게 살펴보겠습니다.

01 캔바의 홈 화면에서 왼쪽 위에 있는 ❶ [디자인 만들기] 버튼을 클릭한 후 ❷ 원하는 콘텐츠를 선택합니다. 여기에서는 [인스타그램 게시물(정사각형)]을 선택하겠습니다.

> **TIP** 에디터 화면이 열려 있었다면 상단 탭 영역에서 집 모양 [홈] 아이콘을 클릭하여 홈 화면으로 이동할 수 있습니다.

02 에디터 화면이 열리면 ❶ 오른쪽 위의 제목을 클릭하여 디자인 작업의 제목을 변경합니다. ❷ 그런 다음 왼쪽 도구 바에서 [디자인] 패널의 [템플릿] 탭에서 원하는 템플릿을 찾아 선택하면 ❸ 디자인 페이지에 적용됩니다.

> **TIP** 하나의 템플릿을 선택하면 패널에는 위 화면과 같이 선택한 템플릿과 비슷한 디자인들이 추천됩니다.

03 ❶ 단축키 Ctrl + / 를 눌러 도구 바의 패널을 닫고, ❷ 디자인 페이지에서 템플릿에 있는 텍스트 상자를 더블 클릭합니다. 텍스트 편집 상태가 되면 적당한 내용으로 변경합니다. 이어서 페이지 영역 바깥쪽이나 다른 요소를 클릭하면 텍스트 편집을 완료할 수 있습니다.

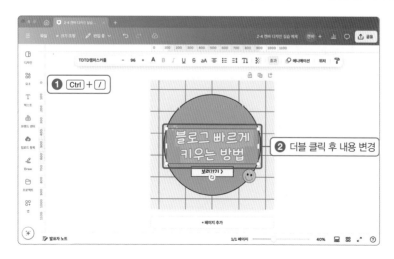

04 디자인 완성 후 ❶ 에디터 화면 오른쪽 위에 있는 [공유] 버튼을 클릭한 후 ❷ [다운로드]를 선택하거나 화면 왼쪽 위에 있는 [파일]-[다운로드] 메뉴를 선택한 후 원하는 형식 및 옵션으로 설정하여 다운로드합니다.

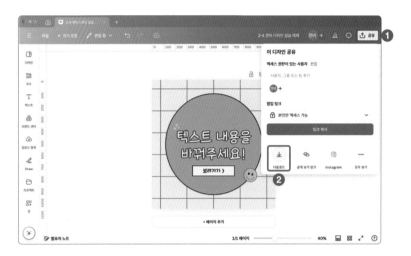

TIP 카드 뉴스처럼 여러 페이지로 구성된 디자인 작업이라면 하나의 페이지를 완성한 후 페이지 아래쪽에 있는 [페이지 추가] 버튼을 클릭하여 빈 페이지를 추가합니다.

NOTE 그리드뷰로 디자인 한눈에 보기

디자인한 결과물이 여러 페이지라면 그리드뷰 기능을 이용해 보세요. 에디터 화면 오른쪽 아래에 있는 [그리드뷰] 아이콘을 클릭하면 디자인한 모든 페이지를 한눈에 볼 수 있습니다.

계속해서 [그리드뷰] 아이콘을 한 번 더 클릭하면 다시 기본 상태의 에디터 화면으로 돌아옵니다.

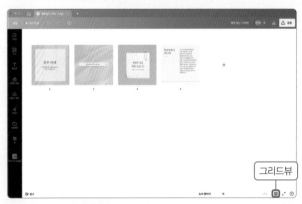

▲ 그리드뷰로 본 페이지 목록

CHAPTER
02

Canva

디자인 요소
자유자재로 편집하기

캔바의 기본 디자인 요소 사용하기

캔바에는 다양한 디자인 요소가 있어서 직접 디자인 요소를 만들지 않더라도 손쉽게 디자인을 완성할 수 있습니다. 여기서는 캔바에서 제공하는 기본 디자인 요소에 대해 알아보겠습니다.

디자인 요소의 종류 파악하기

디자인 요소는 에디터 화면의 왼쪽 도구 바에서 [요소]를 클릭하여 사용할 수 있으며, 요소마다 특징이 조금씩 다릅니다. 참고로 캔바에서 제공하는 요소가 아닌 사용자의 컴퓨터 등에 보관 중인 사진이나 아이콘 이미지 등을 사용하고 싶다면 에디터 화면의 페이지로 드래그하여 업로드 및 사용할 수 있습니다. 단, 파일의 크기가 25MB를 넘기지 않아야 합니다.

> **TIP** 캔바의 디자인 요소는 수없이 많습니다. 그러므로 어떤 영역에서 어떤 요소를 사용할지 선택하기 어렵다면 [요소] 도구의 패널을 펼친 후 패널 맨 위에 있는 검색창에서 원하는 키워드로 검색하고, 필터 기능을 이용하여 세부적으로 검색 결과를 좁히는 방법으로 찾을 수 있습니다.

- **선 및 도형:** [요소] 도구의 패널을 펼친 후 '도형' 영역의 [모두 보기] 링크를 클릭하면 다음과 같이 기본적인 선과 도형 요소 목록이 나타납니다. 다른 요소에 비해 편집의 자유도가 높고, 저작권의 영향을 받지 않는다는 특징이 있습니다.

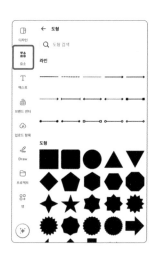

- **그래픽:** [요소] 도구의 패널을 펼친 후 '그래픽' 영역의 [모두 보기] 링크를 클릭하면 디자인을 꾸미는 데에 가장 많이 사용하는 그래픽 요소 목록이 나타나며, 다시 '기능', '그라데이션', '스티커' 등으로 분류되어 있습니다. 이러한 그래픽 요소는 색상을 바꿀 수 있는 SVG 요소와 색상을 바꿀 수 없는 PNG 요소가 있으나 별도로 구분되어 있진 않으므로 사용 시 색을 바꾸는 옵션이 있는지 여부로 판단해야 합니다. Link 요소의 색상 변경 방법은 077쪽 에서 자세히 설명합니다.

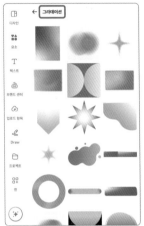

- **스티커:** [요소] 도구 패널을 펼친 후 '스티커' 영역의 [모두 보기] 링크를 클릭하면 움직이는 애니메이션 효과가 들어간 그래픽 요소를 사용할 수 있습니다. 이 요소를 디자인에 사용하면 JPG나 PNG 형식이 아닌 GIF, MP4와 같은 영상 형식으로 저장해야 움직이는 효과를 그대로 저장할 수 있습니다.

- **사진&동영상&오디오:** [요소] 도구 패널을 펼친 후 각각 '사진', '동영상', '오디오' 영역의 [모두 보기] 링크를 클릭하면 영상 제작에 필요한 사진, 동영상, 오디오 소스를 사용할 수 있습니다.

▲ 캔바에서 제공하는 다양한 사진 및 동영상과 오디오 소스

> **TIP** 캔바에서 기본으로 제공하는 사진 이외에 더욱 다양한 사진을 사용하고 싶다면 도구 바에서 [앱]을 클릭한 후 [Pexels]와 [Pixabay] 앱을 사용해 보세요. 해당 앱에서 제공하는 다양한 사진을 사용할 수 있습니다.

NOTE 오디오 사용 시 유의할 점

캔바의 오디오 소스 중 왕관 모양이 표시된 유료(Pro) 오디오에는 다음과 같은 제약이 있습니다. 반드시 미리 숙지하여 이슈가 생기지 않게 유의하세요!

- 캔바의 유료 오디오 소스는 온라인 광고(유튜브 동영상의 사전, 중간 및 사후 광고 등)에 사용할 수 있습니다.
- 기존 미디어 광고나 유료 채널의 광고(TV, 영화, 라디오, 팟캐스트 또는 광고 전광판 등)에는 사용할 수 없습니다.
- 유튜브나 소셜 미디어 등에 유료 오디오가 포함된 디자인을 공유하는 경우 저작권 침해를 예방하기 위해 다음과 같은 방법으로 인증하기 바랍니다.

[인증 방법]

❶ 유료(Pro) 오디오를 이용해 콘텐츠를 완성한 후 [공유]–[다운로드]를 선택합니다.

❷ 다운로드 옵션 중 가장 아래쪽에 있는 [소셜 계정 연결] 링크를 클릭합니다.

❸ YouTube 오른쪽에 있는 [연결] 링크를 클릭하여 영상 콘텐츠를 올릴 유튜브 계정을 캔바와 연동합니다.

• **차트&표:** [요소] 도구 패널을 펼친 후 각각 '차트'와 '표' 영역의 [모두 보기] 링크를 클릭하면 보고서, 인포그래픽 등에 활용하기 좋은 차트와 문서 작업에 많이 쓰이는 표를 간편하게 만들어 디자인에 사용할 수 있습니다.

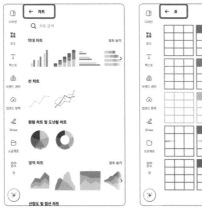

▲ 캔바의 차트 요소　　　　　　　▲ 캔바의 표 요소

• **프레임&그리드:** [요소] 도구 패널을 펼친 후 각각 '프레임'과 '그리드' 영역의 [모두 보기] 링크를 클릭하면 프레임, 그리드를 사용할 수 있습니다. 프레임과 그리드는 간단히 말해 사진과 영상을 넣는 틀이라고 이해하면 됩니다. 두 요소의 쓰임은 비슷하며, 다양한 모양의 유무로 구분하면 됩니다.

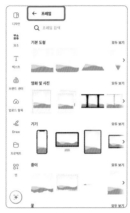

▲ 다양한 형태의 프레임

▲ 사각형의 배치로 구성된 그리드

프레임은 다양한 형태가 있으며, 가로세로 비율을 유지한 채 크기를 변경해서 사용할 수 있습니다. 반면, 그리드는 사각형 형태만 있으며, 가로세로 비율을 자유롭게 변경해서 사용할 수 있습니다. 그러므로 프레임은 크리에이티브한 디자인에서, 그리드는 깔끔한 레이아웃이 강조되는 디자인에서 사용하면 효과적입니다.

▲ 프레임 사용 예시

▲ 그리드 사용 예시

차트 편집 요령 익히기

캔바에서 사용할 수 있는 차트의 종류는 막대 차트부터 인포그래픽 차트까지 다양하지만 사용 방법은 거의 유사합니다. 여기에서는 막대 차트 중에서도 세로 막대형 차트를 예시로 기본적인 차트 사용 방법을 설명해 보겠습니다.

차트를 사용하려면 에디터 화면의 왼쪽 도구 바에서 **[요소]**를 클릭하여 패널을 열고 '차트' 영역에서 **[모두 보기]** 링크를 클릭합니다. 사용할 수 있는 차트 종류 중 '막대 차트' 영역에서 가장 왼쪽에 있는 차트를 클릭하면 다음과 같이 페이지에 기본 세로 막대형 차트가 삽입되고, 왼쪽 패널에는 차트의 데이터가 나타납니다. 이 상태에서 본격적인 차트 편집이 시작됩니다.

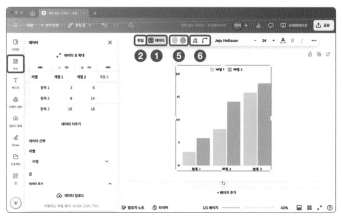

▲ 페이지에 추가한 세로 막대형 차트

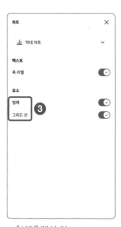

▲ [설정] 탭의 차트

> **TIP** 사용자가 클릭한 지점에 따라 차트 왼쪽에 있는 패널이 사라질 수도 있습니다. 당황하지 말고 페이지에서 차트 안쪽을 클릭하면 다시 표시됩니다.

① **데이터 수정 및 행열 추가/삭제:** 상단 패널은 **[편집]**과 **[데이터]** 탭으로 구분되어 있습니다. 데이터를 수정할 때는 **[데이터]** 탭을 이용하며, 표에서 값을 수정하면 바로 차트에 반영됩니다. 또한, 표에서 마우스 오른쪽 버튼을 클릭한 후 팝업 메뉴를 이용해 새로운 행이나 열을 추가하거나 삭제할 수도 있습니다.

② **차트 종류 변경:** 상단 패널에서 **[편집]** 탭을 클릭하면 현재 차트의 종류가 표시되며, 클릭해서 차트의 종류를 변경할 수 있습니다.

③ **차트 설정 변경:** 차트에 표시되는 범례나 라벨 등을 끄거나 켤 수 있습니다.

④ **라벨 값 변경:** [데이터] 탭을 클릭하면 라벨과 값을 변경할 수 있습니다. 또한, 표의 행과 열을 전환할 수도 있습니다.

⑤ **색상 변경:** 요소 편집 메뉴에는 현재 차트에 적용된 색상별 아이콘이 나타납니다. 각 색상 아이콘을 클릭하여 변경하면 해당 요소의 색을 변경할 수 있습니다.

⑥ **간격 및 둥근 정도:** 차트의 요소별 간격과 둥근 정도를 조정합니다.

⑦ **데이터 업로드:** 차트의 값을 직접 입력하지 않고 데이터 파일을 업로드하여 한번에 입력할 수 있습니다.

▲ [데이터] 탭

표 삽입 및 꾸미기

표를 사용하려면 에디터 화면의 왼쪽 도구 바에서 [요소]를 클릭하여 패널을 열고 '표' 영역에서 [모두 보기] 링크를 클릭합니다. 여러 스타일의 표 목록이 나타나면 원하는 표를 선택해서 페이지에 추가합니다. 여기서는 왼쪽 위에 있는 가장 기본적인 표를 추가했습니다.

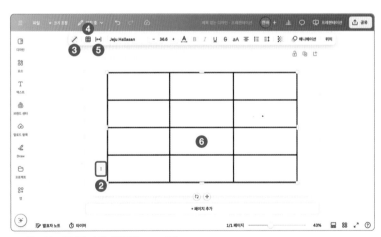

▲ 4행 3열로 구성된 가장 기본적인 표 스타일

① **행/열 추가:** 삽입한 표를 선택한 후 모서리로 마우스 커서를 옮기면 [+] 아이콘이 나타납니다. 원하는 방향에서 [+] 아이콘을 클릭하면 행이나 열을 추가할 수 있습니다.

② 표의 셀 안쪽을 클릭하면 나타나는 [⋯] 아이콘을 클릭하거나 셀에서 마우스 오른쪽 버튼을 클릭하면 셀 병합, 간격 맞추기 등 다양한 표 편집 기능을 사용할 수 있습니다.

③ **셀 색상 변경:** 표를 전체 선택하거나 특정 셀만 클릭해서 선택한 후 요소 편집 메뉴에서 색상 아이콘을 클릭하면 셀의 색을 변경할 수 있습니다.

> **TIP** 표를 전체 선택하려면 해당 표가 모두 포함되도록 마우스를 이용해 범위를 드래그합니다.

④ **테두리 변경:** 표를 전체 선택하거나 특정 셀만 클릭해서 선택한 후 요소 편집 메뉴에서 [테두리] 아이콘을 클릭하여 테두리 서식 및 색을 변경할 수 있습니다. 색이나 스타일을 설정한 후 다시 변경할 테두리 위치를 선택해야 합니다.

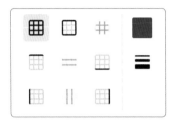
▲ 테두리 변경

⑤ **표 간격:** [표 간격] 옵션을 변경하여 셀과 셀 사이의 간격을 조정할 수 있고, [셀 간격] 옵션을 조정하여 셀 내에서 여백을 조정할 수 있습니다.

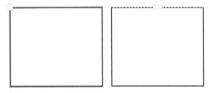
▲ [표 간격] 옵션을 조정했을 때

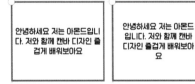
▲ [셀 간격] 옵션이 0일 때와 20일 때

⑥ **텍스트 입력:** 각 셀을 더블 클릭하면 텍스트 입력 상태가 활성화되어 텍스트를 입력할 수 있습니다.

필요한 요소 똑똑하게 찾고 저장하기

캔바의 장점 중 하나는 다양한 디자인 요소입니다. 하지만, 그 수가 워낙 많으므로 원하는 것을 찾는 것도 쉬운 일이 아닙니다. 그러므로 원하는 요소를 똑똑하게 찾아서 쓰는 방법도 알아 놓으면 디자인 작업이 더욱 편리해집니다.

키워드로 검색하기 요소를 찾는 가장 기본적인 방법은 키워드로 검색하는 것입니다. 에디터 화면에서 [요소] 도구 패널을 펼치면 맨 위에 검색창이 나타나며, 검색창 아래에는 사용자들이 자주 검색하는 키워드 목록이 나열되어 있습니다. 키워드를 직접 입력하여 검색하거나 목록에 있는 키워드를 클릭하여 검색한 후 카테고리별 검색 결과에서 원하는 요소를 찾아 사용합니다.

▲ 검색창과 키워드 목록 이용하기

> **TIP** 키워드 검색 후 검색창 오른쪽에 있는 [필터] 아이콘을 클릭하면 조건을 지정하여 검색 결과를 필터링할 수 있습니다.

요소의 정보 확인하기 필요한 요소를 찾으려면 적절한 키워드를 알아야 합니다. 그러므로 자주 사용하는 요소라면 키워드를 따로 정리해서 관리하는 것도 좋은 방법입니다. 그렇다면 특정 요소는 어떤 키워드에서 검색되는 것일까요? 요소의 정보 창을 확인해 보면 됩니다.

우선 페이지에 추가된 요소라면 선택한 후 요소 편집 메뉴에서 i 모양의 [정보] 아이콘을 클릭하면 됩니다. 페이지에 추가하지 않았다면 요소 목록에서 확인하고자 하는 요소를 마우스 오른쪽 버튼으로 클릭하여 정보 창에서 확인할 수 있습니다.

> **TIP** 도형 및 표, 차트 요소는 별도의 정보 창을 제공하지 않습니다.

◀ 요소 편집 메뉴의 [정보] 아이콘

정보 창이 열리면 현재 요소에 적용된 키워드 목록이 나타나며, 여기서 임의의 키워드를 클릭하면 해당 키워드와 관련된 요소 목록을 확인할 수도 있습니다. 또한, [지금과 비슷한 이미지 더 보기] 메뉴를 선택하여 비슷한 요소들을 찾을 수도 있습니다.

요소에 별표 또는 폴더에 추가하기 자주 사용하거나 다음에 다시 쓰고 싶은 요소를 찾았다면 따로 저장해 두는 것이 좋습니다. 앞서 설명한 방법으로 정보 창을 열고 [별표 표시] 또는 [폴더에 추가] 메뉴를 선택하면 됩니다.

▲ 요소의 정보 창

[별표 표시] 메뉴를 선택한 요소는 이후 [프로젝트] 도구의 패널이나 프로젝트 화면에서 [별표 표시] 폴더를 열어 확인할 수 있습니다. [폴더에 추가] 메뉴를 선택한 요소는 이미 만들어 놓은 폴더 중 원하는 폴더를 선택하거나 새 폴더를 만들어서 요소를 저장할 수 있습니다. [별표 표시] 폴더에는 요소뿐만 아니라 별표 표시한 템플릿이나 각종 파일들이 모두 저장되기 때문에 별표 표시한 항목이 많아지면 원하는 요소를 찾기 힘들 수 있습니다. 그러므로 자주 사용하는 요소를 빠르게 찾고 싶다면 별도의 폴더를 만들고 [폴더에 추가] 메뉴를 이용하는 것을 추천합니다.

▲ [프로젝트] 도구의 패널에 있는
[별표 표시] 및 폴더 목록

캔바 요소의 라이선스

캔바의 요소들을 상업적인 목적으로 사용할 때에는 허용되는 사용 범위를 잘 확인해야 합니다. 캔바 요소의 사용은 다음과 같이 대부분 허용됩니다. 다만, 캔바에서 제공하는 템플릿과 요소를 그대로 재판매하는 행위는 엄격히 금지한다는 점을 유의해야 합니다.

- 인쇄물, 제품 포장, 프리젠테이션, 영화 및 비디오 프레젠테이션, 광고, 카탈로그, 브로슈어, 인사말 카드 및 판촉, 재판매용 엽서를 포함한 초대장, 광고 및 판촉 프로젝트(복제 수량 제한 없음)
- 학교 또는 대학 프로젝트
- 소셜 미디어 게시물 또는 프로필 이미지
- 개인용 컴퓨터 또는 모바일 장치의 장식용 배경
- 캔바에서만 사용할 디자인 템플릿
- 책과 책 표지, 잡지, 신문, 사설, 뉴스레터, 무제한 인쇄의 비디오, 방송 및 연극 프레젠테이션과 같은 엔터테인먼트 애플리케이션
- 웹페이지, 블로그, 전자책 및 비디오를 포함한 온라인 또는 전자 출판물
- 인쇄물, 포스터 및 개인 또는 판촉 목적의 기타 복제, 재판매, 라이선스 또는 기타 배포
- 캔바에서 서면으로 승인한 기타 용도
- 디자인이 들어간 실물 상품(예: 티셔츠) 또는 디지털 제품(예: 전자책) 판매
- 무료 및 Pro 요소를 사용한 템플릿 디자인 및 판매(캔바 템플릿 링크로 공유하는 방식)
- 무료 요소만 사용한 템플릿 디자인 및 판매(PDF, JPG, PNG 등으로 공유하는 방식)
- 고객사를 위한 디자인(예: 소셜 미디어 광고, 초대장 등) 제작

무엇보다 캔바의 라이선스 정책은 수시로 업데이트될 수 있으므로 상업적으로 이용할 때는 위의 내용에 전적으로 의지하지 말고 반드시 캔바 라이선스 페이지를 한 번 더 확인하시기 바랍니다. https://www.canva.com/policies/content-license-agreement

> **TIP** 디자인의 상업적 이용에 대해서는 아래 사용자 가이드에서 한글로 자세히 확인할 수 있습니다.
> http://www.canva.com/ko_kr/learn/copyright/

LESSON 02

기본 요소 편집
마스터하기

모든 일은 기본이 가장 중요합니다. 디자인도 마찬가지입니다. 캔바 라이브러리에는 창의적인 그래픽 요소들이 정말 많지만, 사각형이나 원형 같은 기본적인 형태의 도형들과 함께 기본으로 제공하는 요소들을 편집하는 방법만 잘 알아도 멋진 디자인을 완성할 수 있습니다.

선 요소 편집하기

에디터 화면에서 [요소] 도구의 패널을 펼친 후 '도형' 영역의 [모두 보기] 링크를 클릭하면 선과 도형 요소 목록이 나타납니다. 이러한 선과 도형은 다른 요소에 비해 편집의 자유도가 높습니다.

우선 선 요소를 선택해서 페이지에 추가한 후 페이지에 있는 선 요소를 선택해 봅니다. 다음과 같이 양쪽 끝에 흰색 점으로 홀더가 표시되며, 위에는 작은 팝업 창이, 아래에는 [회전] 아이콘과 [이동] 아이콘이 나타납니다.

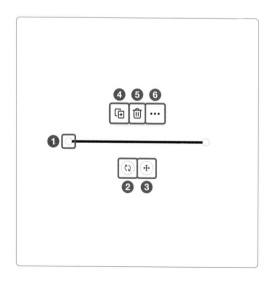

① **홀더:** 양쪽에 있는 홀더를 각각 드래그하여 위치를 변경하면 길이나 각도를 조절할 수 있습니다.

② **회전:** 아이콘을 클릭한 채 드래그하면 요소를 회전시킬 수 있습니다.

③ **이동:** 아이콘을 클릭한 채 드래그하여 요소의 위치를 변경할 수 있습니다.

④ **복제:** 아이콘을 클릭하면 현재 요소와 동일한 형태 및 크기의 요소가 추가됩니다.

⑤ **삭제:** 아이콘을 클릭하면 현재 선택 중인 요소가 삭제됩니다.

⑥ **더 보기:** 복제 및 삭제를 포함하여 요소와 관련된 다양한 기능 메뉴를 확인할 수 있습니다.

선 요소 편집 메뉴 선 요소를 선택한 후 페이지 위쪽에 표시되는 요소 편집 메뉴를 보면 다음과 같은 아이콘들이 나타나며 선을 자유롭게 편집할 수 있습니다.

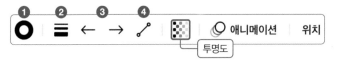

> **TIP** 선을 포함하여 기본 그래픽 요소는 요소 편집 메뉴에서 [투명도] 아이콘을 클릭하여 투명한 정도를 변경할 수 있습니다.

① **선 색상:** 아이콘을 클릭하면 페이지 왼쪽에 색상 관련 패널이 열립니다. 여기서 원하는 색을 선택하여 선의 색을 변경합니다.

② **선 스타일:** 선 요소를 선택한 후 요소 편집 메뉴에서 [선 스타일] 아이콘을 클릭하면 팝업 창이 열리며, 여기에서 선의 모양, 둥근 끝점, 선 두께를 설정합니다.

▲ 선 스타일 팝업 창과 스타일을 변경한 직선

③ **선 시작 & 선 끝:** 선 요소를 선택한 후 요소 편집 메뉴에서 **[선 시작]** 또는 **[선 끝]** 아이콘을 클릭하여 원하는 선 끝의 모양을 선택합니다.

▲ 다양한 선 끝의 모양

④ **선 유형:** 선 요소를 선택한 후 요소 편집 메뉴에서 **[선 유형]** 아이콘을 클릭하여 꺾인 선과 곡선 중 원하는 유형을 선택할 수 있습니다. **[꺾인 선]**을 선택하면 선 중간에 직선 모양의 홀더가 추가되며, 이 홀더를 드래그하여 꺾인 선으로 변경할 수 있으며, **[곡선]**을 선택하면 곧바로 곡선으로 바뀝니다.

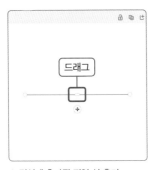 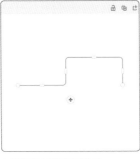 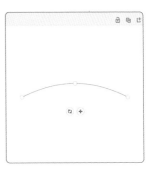

▲ 직선에 추가된 꺾인 선 홀더   ▲ 직선에서 변형한 꺾인 선   ▲ 직선에서 변형한 곡선

TIP 요소 편집 메뉴에서 [위치]를 클릭한 후 위치 패널이 열리면 [정렬] 탭의 '고급' 영역에서 XY 위칫값을 입력하여 선의 길이와 위치를 정확하게 설정할 수 있습니다. 참고로 페이지의 왼쪽 위 모서리의 X, Y 값은 각각 0px입니다.

도형 요소 편집하기

도형 요소를 편집하는 방법도 선 요소를 편집하는 방법과 크게 다르지 않습니다. 우선 선 및 도형에서 '편집' 영역에 있는 요소 중 원하는 형태의 도형을 선택하여 디자인 페이지에 추가합니다. 선 요소를 추가했을 때와 비슷하나, [위치] 아이콘은 보이지 않습니다. 그러므로 위치를 옮길 때는 도형 안쪽을 클릭한 채 드래그하면 됩니다.

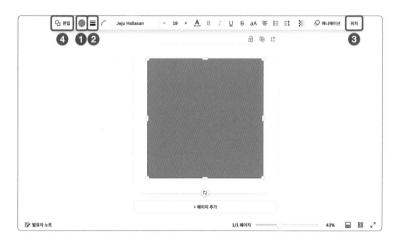

① **색상:** 도형을 선택한 상태에서 요소 편집 메뉴의 [색상] 아이콘을 클릭합니다. 왼쪽에 색상 패널이 열립니다. '문서 색상' 영역에서 [색상 없음] 아이콘을 클릭해서 도형의 면을 투명하게 변경할 수 있으며, '단색'과 '그라데이션' 영역에서 원하는 색을 선택해서 채울 수 있습니다.

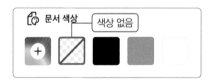

> **TIP** 선 요소에서도 동일하게 그라데이션을 적용할 수 있습니다.

NOTE 단색과 그라데이션 채우기

색상 패널에서 '단색' 또는 '그라데이션' 영역에 있는 항목을 골라서 적용한 후 좀 더 세부적으로 색을
변경하고 싶다면 색상 패널에서 [새로운 색상 추가] 아이콘을 클릭한 후 팝업 창을 이용하면 됩니다.

▲ [단색] 탭

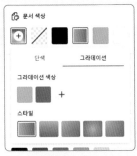

▲ [그라데이션] 탭

• **단색:** [단색] 탭에서 색상값을 입력하거나 한 가지 색을 선택하여 도형에 적용할 수 있습니다.

• **그라데이션:** [그라데이션] 탭을 클릭하면 기본적으로 2개의 색상이 지정되어 있으며, [+] 아이콘을
  클릭하여 색상을 추가할 수 있습니다. 또한 기존 색상 아이콘을 클릭하여 다른 색으로 변경하거나
  투명도를 조정하여 다양한 형태의 그라데이션을 완성할 수 있습니다.

② **테두리:** 도형 요소가 선 요소와 가장 다른 차이는 면과 테두리로 구분된다는 것입니다.
도형의 테두리를 변경하려면 요소 편집 메뉴에서 [**테두리 스타일**] 아이콘을 클릭한 후
테두리의 스타일, 굵기, 모서리의 둥근 정도를 조정합니다. 테두리를 적용하면 [**테두리
색상**] 아이콘이 추가되어 테두리 색상도 변경할 수 있습니다.

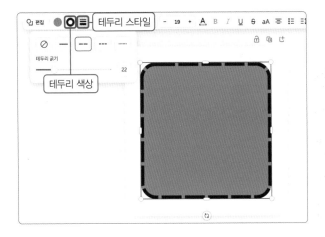

③ **크기 변경(위치):** 도형은 다른 그래픽 요소와 달리 원하는 비율로 크기를 조정할 수 있습니다. 크기를 조정하는 방법은 두 가지가 있습니다. 간편하게는 도형을 선택한 후 테두리의 홀더를 드래그하는 방법이며, 정밀하게 조정하려면 요소 편집 메뉴에서 [위치] 버튼을 클릭하고 [정렬] 탭에서 [너비]와 [세로] 옵션을 변경하면 됩니다.

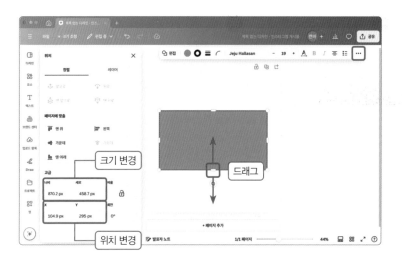

> **TIP** 위와 같이 화면 크기에 따라 요소 편집 메뉴에 [위치] 버튼이 보이지 않을 때는 […] 아이콘을 클릭한 후 선택할 수 있습니다.

④ **모양 변경(도형):** 요소 편집 메뉴에서 [편집] 버튼을 클릭하면 도형 패널이 열리며 현재 선택한 도형의 서식은 유지한 채 모양만 변경할 수 있습니다

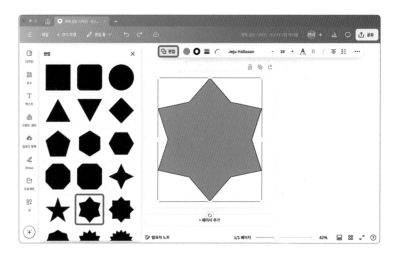

⑤ **텍스트 입력:** 도형이 선택된 상태에서 한 번 더 클릭하거나 중앙 부분을 더블 클릭하면 텍스트 입력 상태가 되어 원하는 텍스트를 입력할 수 있습니다.

그래픽 요소의 색상 바꾸기

캔바에서는 기본 도형 이외에 다양한 그래픽 요소를 제공하여 직접 만들어야 하는 수고를 덜어 줍니다. 미리 제작된 요소이기 때문에 사용자가 형태를 자유롭게 변경할 수는 없지만 색상은 비교적 자유롭게 변경할 수 있습니다.

SVG 요소의 색상 변경 캔바에 있는 SVG 요소는 사용자가 색을 바꿀 수 있도록 제작된 그래픽 이미지로 앞서 배운 선이나 도형의 색상을 변경하는 것과 같은 방법으로 색을 변경할 수 있습니다. [요소] 도구의 패널을 펼친 후 '그래픽' 영역의 [모두 보기] 링크를 클릭한 후 임의의 그래픽 요소를 페이지에 추가한 후 선택해 보세요. 다음과 같이 요소 편집 메뉴에 [색상] 아이콘이 나타나면 SVG 요소이고, [편집] 버튼이 보인다면 PNG 혹은 JPG 요소입니다.

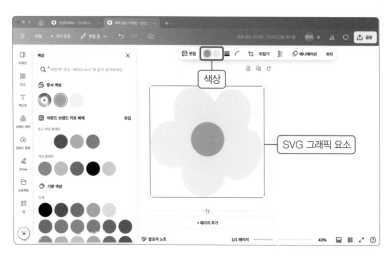

SVG 요소를 선택했을 때 요소 편집 메뉴에는 변경할 수 있는 색의 영역별로 [색상] 아이콘이 표시됩니다. 그러므로 원하는 영역의 [색상] 아이콘을 클릭해서 변경하면 됩니다.

그래픽 효과로 색상 변경 색을 자유롭게 바꿀 수 있는 SVG 요소와 달리 PNG나 JPG 요소는 색상 변경 옵션이 따로 존재하지 않습니다. 그러므로 그래픽 효과 기능을 이용해야 합니다. 임의의 PNG 또는 JPG 그래픽 요소를 페이지에 추가한 후 선택하고 요소 편집 메뉴에서 **[편집]** 버튼을 클릭하면 다음과 같이 사진 편집 패널의 **[효과]** 탭이 열립니다. 여기서 필터 및 효과를 이용하여 색상을 변경할 수 있습니다.

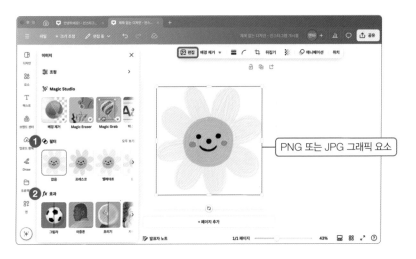

PNG 또는 JPG 그래픽 요소

TIP 위 예시는 그래픽 요소 중 'Cute Impasto Daisy Flower'로 검색해서 찾을 수 있습니다.

① **필터 이용하기:** [효과] 탭의 '필터' 영역에서 **[모두 보기]** 링크를 클릭한 후 다양한 필터 중 원하는 색감의 필터를 클릭해서 적용한 후 필터의 강도를 조정합니다.

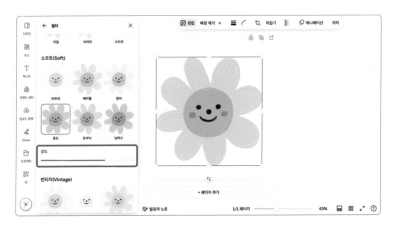

② **이중톤 효과 이용하기:** [효과] 탭의 '효과' 영역에서 [이중톤]을 찾아 선택한 후 원하는 색을 클릭해서 적용합니다. 이어서 [하이라이트]와 [그림자] 옵션에서 색을 변경하거나 강도를 조정합니다.

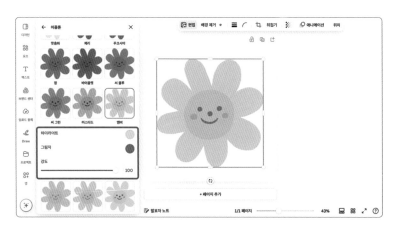

> **TIP** 하이라이트는 이미지의 밝은 부분, 그림자는 어두운 부분입니다. 이중톤 효과는 이미지를 2개의 색상 톤으로 바꿔 주는 효과이므로, 하이라이트의 색상은 이미지의 밝은 부분에 적용되는 색이고, 그림자의 색상은 이미지의 어두운 부분에 적용되는 색이라고 이해하면 됩니다.

NOTE 움직이는 요소의 색상 변경

캔바에는 멈춰 있는 SVG, JPG, PNG 요소 외에, 움직이는 형태의 GIF 요소도 있습니다. 이런 GIF 요소 중에는 색을 바꿀 수 있는 것들도 있고 그렇지 않은 것들도 있습니다. 구분하는 방법은 간단합니다. GIF 요소를 선택한 후 요소 편집 메뉴에 [색상] 아이콘이 나오면 색을 바꿀 수 있고 그렇지 않으면 바꿀 수 없다고 이해하면 됩니다. 또한, JPG나 PNG 요소와 달리 GIF 요소는 필터나 이중톤 효과를 적용할 수도 없습니다.

▲ GIF 요소 중에는 [색상] 아이콘도 [편집] 버튼도 없는 것이 있습니다.

요소 스타일 복사하기

페이지에 여러 요소를 배치한 후 모두 같은 스타일을 적용해야 한다면 수고스럽게 하나씩 스타일을 적용할 필요 없이 하나의 요소에 스타일을 적용하고, 다른 요소에는 스타일 복사 기능을 이용해 쉽게 적용할 수 있습니다.

예를 들어 다음과 같이 2개의 도형이 배치되어 있을 때 왼쪽 도형과 같은 스타일(테두리 적용, 도형 색상 변경, 텍스트 색상 변경)로 통일하고 싶다면 우선 ❶ 서식이 적용된 요소(왼쪽 도형)를 선택한 후 ❷ 요소 편집 메뉴에서 [스타일 복사] 아이콘을 클릭하고, ❸ 같은 서식을 적용할 요소(오른쪽 도형)를 클릭해서 선택하면 됩니다.

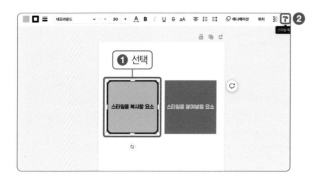

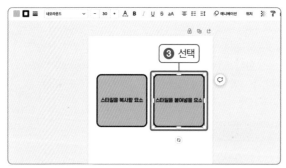

NOTE 요소의 종류별 복사할 수 있는 스타일
- **그래픽, 사진**: 색상, 투명도, 이미지 효과 필터
- **텍스트**: 글꼴, 글꼴 크기, 색상, 정렬
- **차트**: 차트 색상, 텍스트 색상 및 서식 지정, 투명도

요소에 애니메이션 효과 적용하기

캔바에는 다양한 종류의 애니메이션 효과가 포함되어 있으며, 디자인을 완성한 후 사용한 요소들에 애니메이션 효과를 적용하면 간단한 영상을 만들 수도 있습니다. 이러한 애니메이션 효과는 개별 요소에 적용하거나 페이지 전체에 일괄 적용할 수 있습니다.

개별 요소에 애니메이션 효과 넣기

[https://bit.ly/template_jpub] 템플릿의 [페이지 2]를 확인해 보면 다음과 같이 완성한 디자인이 있습니다. 예제 템플릿에 애니메이션 효과를 적용하기 위해 ❶ 중앙에 있는 사진 이미지를 클릭한 후 ❷ 요소 편집 메뉴에서 [애니메이션] 버튼을 클릭합니다.

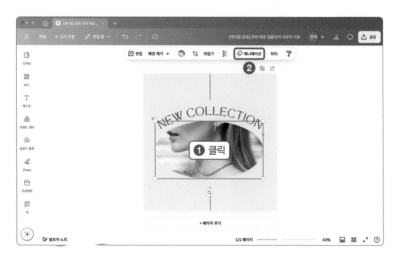

> **TIP** 마우스로 범위를 드래그하거나 Shift 를 누른 채 여러 요소를 선택한 후 일괄 같은 효과를 적용할 수도 있습니다.

페이지 왼쪽으로 다양한 효과 목록이 포함된 애니메이션 패널이 열립니다. 여기서 원하는 효과를 클릭해서 적용할 수 있습니다. 이때, 원하는 애니메이션을 클릭하지 않고, 마우스 커서를 올리기만 하면 애니메이션을 미리 볼 수 있습니다.

TIP 애니메이션 효과를 적용하면 세부적인 애니메이션 옵션을 설정할 수 있습니다. 이때 옵션의 종류는 선택한 효과에 따라 차이가 있습니다.

요소에 애니메이션 효과를 적용한 후 '모션 효과 추가' 영역에 있는 [회전], [깜빡거리기], [펄스], [씰룩씰룩 움직이기] 4가지 모션을 추가로 적용할 수도 있습니다. '기본 효과'나 '강조 효과' 영역에 있는 효과를 적용한 후 4가지 모션 중 하나를 중복하여 다양한 조합을 시도해 보세요.

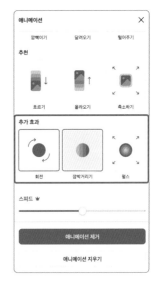

TIP 그래픽, 사진, 텍스트 등 선택 중인 요소의 종류에 따라 사용할 수 있는 애니메이션 효과도 조금씩 달라집니다.

전체 페이지에 애니메이션 효과 넣기

특정 요소가 아닌 해당 페이지에 있는 모든 요소에 동일한 효과를 적용하려면 특정 요소가 아닌 페이지 배경을 클릭해서 선택합니다. 다음과 같이 페이지에 테두리가 표시되었다면 배경이 선택된 것입니다. 그런 다음 요소 편집 메뉴에서 [애니메이션] 버튼을 클릭합니다.

요소에 애니메이션 효과를 적용할 때와 마찬가지로 애니메이션 패널에서 원하는 효과를 선택해서 적용할 수 있으며, 마우스 커서를 올려서 애니메이션을 미리 볼 수도 있습니다.

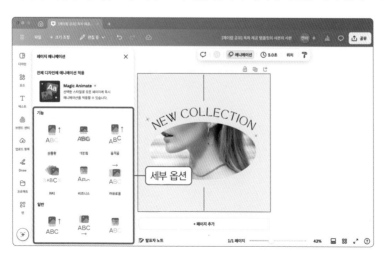

애니메이션 효과를 적용한 디자인은 MP4 또는 GIF 형식으로 저장해야 적용한 효과가 유지됩니다. 애니메이션 효과를 적용한 후 [공유]-[다운로드]를 선택하고 MP4 또는 GIF 형식을 선택해서 결과를 확인해 보세요.

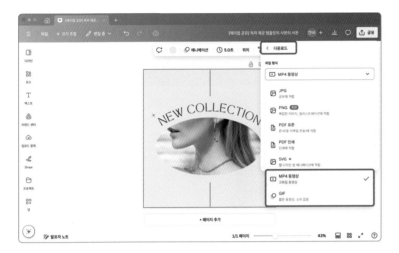

Canva

LESSON 04

드로잉하여
디자인 요소 그리기

캔바에는 다양한 요소가 있지만 가끔은 원하는 요소를 찾지 못할 수도 있고, 때로는 손그림 느낌의 디자인 요소가 필요할 때도 있습니다. 이럴 때는 캔바의 그리기 기능과 그룹화를 이용하면 직접 요소를 그려서 사용할 수 있습니다.

01 임의 크기로 새로운 디자인을 시작합니다. 에디터 화면이 열리면 ❶ 도구 바에서 [Draw]를 선택하여 필기구 목록을 열고 ❷ 원하는 필기구를 선택합니다. 여기서는 [마커]를 선택했습니다. `Link` 새로운 디자인을 시작하는 방법은 `031쪽` 을 참고합니다.

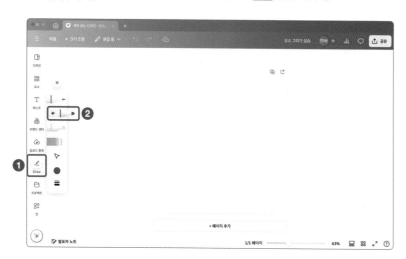

02 ❶ [색상] 아이콘을 클릭한 후 ❷ [새로운 색상 추가] 아이콘을 클릭하여 ❸ 드로잉에 사용할 색상을 지정합니다. 여기서는 기본값인 [#E7191F](빨강)를 그대로 사용합니다. ❹ 계속해서 [설정] 아이콘을 클릭한 후 ❺ 펜의 두께와 ❻ 투명도를 설정합니다.

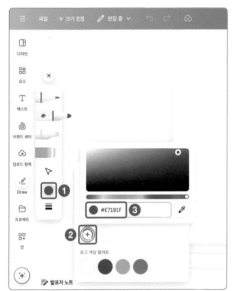

TIP 색을 지정할 때는 원하는 색을 클릭하거나 색상값을 직접 입력하면 됩니다.

TIP 최근 업데이트로 [그리기] 탭의 명칭이 [Draw]로 변경되었습니다.

03 사용할 필기구 설정이 끝났으니 이제 페이지에서 자유롭게 드로잉하여 원하는 모양을 그립니다. 외형을 그릴 때는 두께를 얇게, 안쪽을 채색할 때는 두껍게 설정하면 좀 더 수월합니다. 또한, 드로잉 중에 실수한 곳이 있다면 **[지우개]**를 이용하여 지우고 다시 그리면 됩니다.

04 그림을 완성했으면 ❶ **[선택]** 도구를 선택한 후 ❷ 페이지에서 그림이 모두 포함되도록 범위를 드래그하여 선택합니다. 다음과 같이 여러 요소로 나누어져 있는 것을 확인할 수 있습니다. 나누어져 있는 각 부분은 따로 선택한 후 요소 편집 메뉴를 이용해 색상, 크기 등을 변경할 수 있습니다.

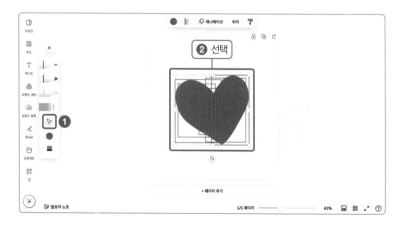

TIP 한 번에 끊기지 않고 그렸다면 하나의 요소로 표시됩니다.

05 여러 요소로 나누어져 있으면 다른 디자인에서 활용하기 불편합니다. 나누어진 모든 요소가 선택된 상태에서 ❶ 마우스 오른쪽 버튼을 클릭한 후 ❷ **[그룹화]**를 선택하여 하나의 요소처럼 묶습니다.

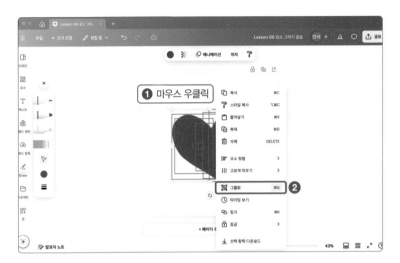

06 이후 다시 범위를 선택해서 드로잉한 요소를 선택해 보면 다음과 같이 하나의 요소처럼 선택되는 것을 확인할 수 있습니다.

LESSON 05
다양한 방법으로 사진 편집하기

디자인 콘텐츠를 만들 때 사진 요소는 매우 중요합니다. 사진 하나만 잘 골라도 디자인 작업의 절반이 끝난 것과 마찬가지라고 할 정도입니다. 하지만, 상황에 완벽하게 딱 맞는 사진을 찾기는 어려우므로 다양한 방법을 이용해 사진을 편집해서 활용할 수 있어야 합니다.

배경 깔끔하게 지우기 Pro

캔바의 [배경 제거] 기능을 이용하면 아주 간단한 방법으로 깔끔하게 배경을 지울 수 있습니다. 단, 캔바 Pro에서만 사용할 수 있습니다.

01 예제 템플릿의 [페이지 3]을 보면 다음과 같은 사진이 배치되어 있습니다. ❶ 사진을 클릭해서 선택한 후 ❷ 요소 편집 메뉴에서 [편집] 버튼을 클릭합니다. 사진 편집 패널의 [효과] 탭이 열리면 ❸ 'Magic Studio' 영역에서 [배경 제거]를 선택합니다.

TIP 꼭 예제 템플릿을 이용하지 않더라도 캔바의 기본 그래픽 요소를 이용하거나 가지고 있는 그래픽 이미지 등을 페이지로 드래그해서 삽입한 후 실습해 보기 바랍니다.

02 ❶ 페이지를 보면 클릭 몇 번으로 배경이 깔끔하게 지워진 것을 확인할 수 있습니다. 자동 배경 제거 결과가 마음에 들지 않는다면 직접 지울 영역을 설정할 수 있습니다. ❷ **[배경 제거]** 아이콘에 표시된 **[필터]** 아이콘을 클릭합니다.

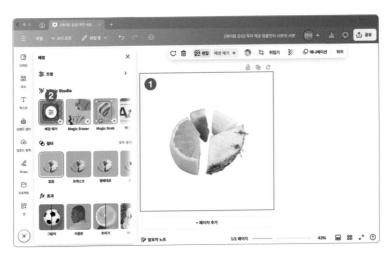

03 다음과 같이 배경 제거 패널이 열리면 ❶ **[지우기]**를 클릭한 후 ❷ 페이지에서 더 지우고 싶은 영역을 드래그하면 바로 제거됩니다. 여기서는 파인애플 부분을 드래그하여 추가로 제거했습니다.

TIP 패널에서 [브러시 크기] 옵션을 적절하게 조정하면 더욱 편리하게 작업할 수 있습니다.

04 제거한 부분을 되돌릴 수도 있습니다. ❶ 패널에서 [복원하기]를 클릭하고, ❷ [원본 이미지 보기] 옵션을 활성화하면 지워진 부분이 불투명하게 표시됩니다. ❸ 앞서 지운 파인 애플 부분을 드래그하면 다시 복원됩니다.

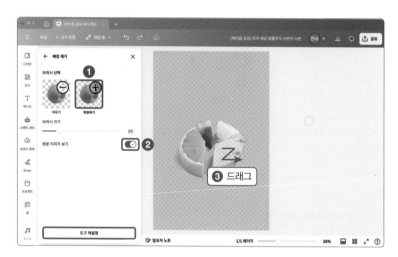

TIP 사진을 편집한 후 처음 상태(원본)로 되돌리고 싶다면 위와 같은 패널에서 [재설정 도구] 버튼을 클릭합니다.

NOTE **컴퓨터에 저장된 사진의 배경 제거하기**

에디터 화면에 배치한 사진이 아닌 내 컴퓨터에 저장된 사진의 배경을 제거하고 싶다면 어떻게 해야 할까요? 사진을 페이지에 배치한 후 배경을 제거해야 할까요? 아닙니다. [이미지 편집] 메뉴를 이용하여 컴퓨터에 저장된 사진의 배경도 제거할 수 있습니다.

❶ 캔바의 홈 화면에서 왼쪽 위에 있는 [디자인 만들기] 버튼을 클릭한 후 [업로드]를 선택합니다.

② 파일 탐색 창이 열리면 배경 제거할 사진을 찾아 선택한 후 팝업 창에서 [이미지 편집]을 클릭합니다.

③ 사진 편집 화면이 열리면 앞서와 같은 방법으로 [배경 제거]를 클릭하여 배경을 제거할 수 있습니다.

④ 사진 편집이 끝나면 팝업 창 오른쪽 위에 있는 [저장] 버튼을 클릭한 후 [다운로드]를 선택합니다.

⑤ [디자인에 사용하기] 버튼을 클릭하면 에디터 화면이 열리고 편집한 사진을 이용해 곧바로 디자인을 시작할 수 있습니다.

입체감을 부여하는 그림자 넣기

이미지가 다소 밋밋해 보인다면 그림자 효과를 적용하여 입체감을 표현해 볼 수 있습니다.

01 예제 템플릿의 [페이지 4]를 보면 핸드폰 이미지가 배치되어 있습니다. ① 이미지를 선택한 후 ② 요소 편집 메뉴에서 [편집] 버튼을 클릭합니다. ③ 편집 패널이 열리면 [효과] 탭의 '효과' 영역에서 [그림자]를 클릭합니다.

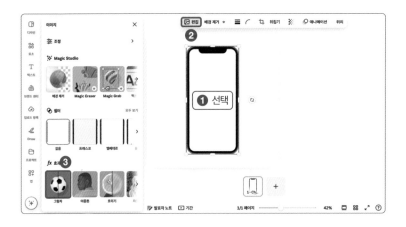

> **TIP** 그림자 효과는 색상을 바꿀 수 없는 그래픽 요소와 사진 요소에만 사용할 수 있습니다. 요소를 선택했을 때 [편집] 버튼이 보이면 그림자 효과를 사용할 수 있는 요소입니다.

02 그림자 패널이 열리고 그림자 효과 목록이 나타나면 ❶ 원하는 항목을 선택해서 결과를 확인하고, ❷ 세부 옵션을 조정한 후 ❸ [편집] 버튼을 클릭해서 적용을 마칩니다. 여기서는 [드롭]을 선택한 후 [흐림 정도: 50, 앵글: 60, 거리:65, 색상:검정, 강도: 40]으로 설정했습니다.

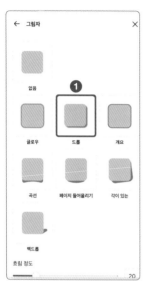
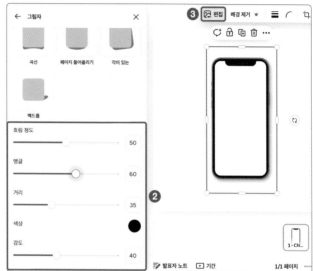

사진의 색감 보정하기

디자인에 사진을 사용할 때에는 디자인의 톤과 사진의 톤이 자연스럽게 어우러져야 합니다. 만약 사용하는 사진이 디자인에 어울리지 않고, 이질감이 느껴진다면 사진을 교체하거나 색감을 보정해서 비슷하게 맞추는 것이 좋습니다.

사진의 색감을 보정하는 방법은 크게 2가지로, 필터를 이용한 방법과 세부적으로 조정하는 방법이 있습니다. 여기서는 세부적으로 색감을 직접 조정하는 방법에 대해 소개합니다.
Link 필터를 이용하는 방법은 **U/8쪽** 을 참고합니다.

01 예제 템플릿의 [페이지 5]에 있는 케익 사진의 색감을 보정해 보겠습니다. ❶ 사진을 선택한 후 ❷ 요소 편집 메뉴에서 [편집] 버튼을 클릭합니다. ❸ 편집 패널이 열리면 [조정] 탭을 클릭합니다.

02 [조정] 탭은 '화이트 밸런스'와 '조명' 영역으로 구분되어 있고, 옵션값을 조정하면 실시간으로 사진이 보정됩니다. ❶ 먼저 [자동 조정하기] 버튼을 클릭하여 자동으로 보정된 최적의 색감을 확인해 봅니다. ❷ 이어서 상세 옵션을 자유롭게 조정하면서 결과를 확인합니다.

03 계속해서 색감 조정 영역을 피사체(케익 부분)로 한정하기 위해 ❶ [**영역 선택**] 옵션을 [**전경**]으로 변경하고 ❷ 세부 옵션을 자유롭게 변경하면서 결과를 확인해 봅니다. ❸ 보정이 끝나면 [**편집**] 버튼을 클릭합니다.

> **TIP** [영역 선택] 옵션에서 [전경]을 선택하면 캔바에서 자동으로 주요 대상을 선택 영역으로 지정해 줍니다. 반대로 [배경]을 선택하면 주요 대상을 제외한 나머지 영역이 선택됩니다.

NOTE 사진에 흐림 효과 적용하기

효과를 적용하여 사진에서 전체 혹은 일부분을 흐리게 표현할 수 있습니다. 일부만 흐리게 표현할 때는 '효과' 영역에서 [자동 초점]이나 [흐리기]를 적용하고, 전체를 흐리게 표현할 때는 [흐리기]를 적용합니다.

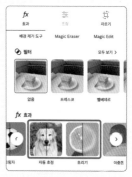

▲ 사진 편집 패널의 [효과] 탭

자동 초점: 캔바에서 자동으로 사진을 인식하여 배경 영역을 흐리게 표현합니다. [자동 초점] 효과를 적용한 후 패널에서 [강도 흐리기] 옵션으로 흐림의 정도를 조정할 수 있고, [중심 위치] 옵션으로 흐림 효과가 적용되지 않을 위치를 조정할 수 있습니다.

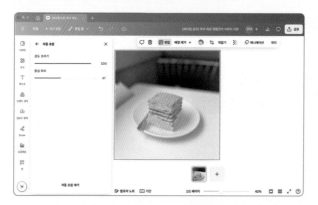

흐리기: 사진 전체를 흐리게 표현하고 싶다면 [흐리기] 효과를 적용하면 됩니다. 그런 다음 [전체 이미지] 버튼을 클릭하고 [강도] 옵션에서 흐림의 정도를 조정하면 됩니다.

[흐리기] 효과를 적용한 후 [브러시] 버튼을 클릭하고 '브러시 유형'으로 [흐리기 추가]를 클릭한 후 사진에서 원하는 위치를 드래그하면 해당 영역만 흐리게 표현됩니다. 또한 [삭제]를 클릭한 후 드래그하면 흐린 영역을 다시 복구할 수 있습니다.

다양한 형태로 모양 바꾸기

정형화된 사각형 사진이 밋밋해 보이거나 색다르게 사용하고 싶다면 프레임을 이용해 사진을 자르지 않아도 다양한 모양으로 바꿀 수 있습니다.

01 예제 템플릿의 **[페이지 6]**을 보면 직사각형의 평범한 사진이 배치되어 있습니다. 프레임을 추가하기 위해 도구 바에서 **[요소]**를 클릭합니다.

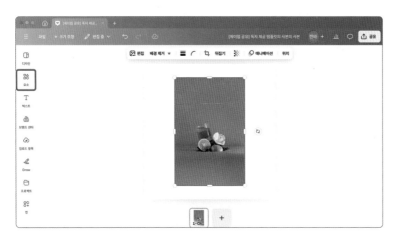

02 요소 패널이 열리면 ❶ '프레임' 영역의 **[모두 보기]** 링크를 클릭한 후 ❷ 프레임 목록에서 원하는 프레임을 선택하여 추가합니다. 여기서는 '꽃' 영역에 있는 프레임을 선택했습니다.

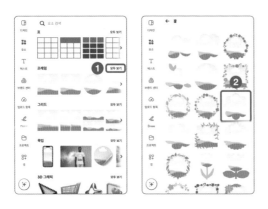

> **TIP** 요소의 종류나 위치는 수시로 변경됩니다.

03 ❶ 사진 위로 선택한 프레임이 추가됩니다. ❷ 사진을 선택한 후 프레임 안쪽으로 드래그하다 보면 사진이 프레임 안에서 나타납니다. ❸ 이때 손을 놓으면 프레임 안으로 사진이 들어갑니다.

04 사진을 프레임에 배치한 다음 더블 클릭한 후 사진의 모퉁이에 있는 흰색 홀더를 드래그하면 사진의 크기를 조절할수 있고, 사진 안쪽을 드래그하면 프레임에서 보여질 위치를 조절할 수 있습니다.

TIP 프레임 기능을 이용하면 사진뿐만 아니라 영상도 원하는 모양으로 변경할 수 있습니다.

LESSON 06

텍스트 디자인을 위한 기본 기능

홍보물이나 SNS 콘텐츠를 디자인할 때면 텍스트를 필수로 사용해야 합니다. 이때 필요한 텍스트 관련 기본 기능을 소개합니다. 간단한 방법으로 텍스트를 깔끔하게 정렬하거나 다양한 스타일을 적용하여 돋보이는 텍스트를 만들 수 있고, 텍스트에 하이퍼링크를 추가할 수도 있습니다.

텍스트 상자에 효과 적용하기

직사각형 형태의 평범한 텍스트 상자에 간단한 효과를 적용하고, 형태를 왜곡하는 방법까지 알아보겠습니다.

01 [https://bit.ly/templete_jpub] 예제 템플릿의 [페이지 7]을 보면 평범한 텍스트 상자에 보통의 글꼴로 텍스트가 입력되어 있습니다. ❶ 텍스트 상자를 선택한 후 ❷ 요소 편집 메뉴에서 [효과] 버튼을 클릭합니다.

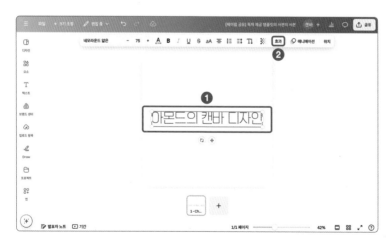

> **TIP** 도구 바에서 [텍스트]를 클릭한 후 패널에서 [텍스트 상자 추가] 버튼을 클릭하면 텍스트 상자를 추가할 수 있고, 요소 편집 메뉴에서 글꼴이나 크기 등을 변경할 수 있습니다. 예제는 [글꼴: 네모라운드 얇은(Pro), 크기: 75]로 설정한 상태입니다.

02 효과 패널이 열리면 ❶ '스타일' 영역에서 원하는 텍스트 효과를 선택한 후 ❷ 세부 옵션을 조정합니다. 여기서는 [그림자] 효과를 선택했습니다.

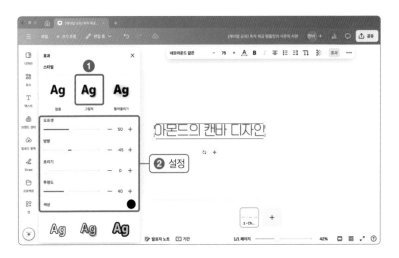

> **TIP** 세부 옵션은 선택한 효과에 따라 차이가 있습니다.

03 계속해서 텍스트 상자의 형태를 왜곡하기 위해 효과 패널의 ❶ '도형' 영역에서 [곡선]을 선택한 후 ❷ [곡선] 옵션을 변경하여 곡선의 정도를 조정합니다. ❸ 효과 적용이 끝나면 [효과] 버튼을 클릭하여 마칩니다.

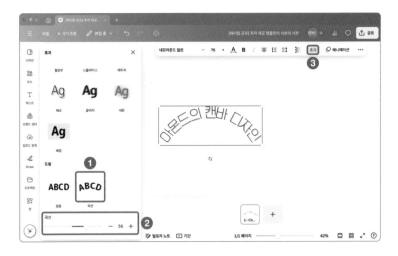

요소 깔끔하게 정렬하기

페이지에 여러 요소(텍스트, 그래픽, 사진, 영상, 차트 등 모든 요소)를 배치했다면 깔끔하게 정렬해야 할 때가 있습니다. 대표적으로는 여러 개의 텍스트 상자를 배치한 경우가 있습니다. 이때에는 자신의 감을 믿는 것보다 캔바의 정렬 기능을 이용하여 정확하고 깔끔하게 정렬하는 것이 좋습니다. 이러한 정렬 기능은 요소 간 정렬 방법과 페이지 내에서 정렬하는 방법이 있습니다.

01 예제 템플릿의 [**페이지 8**]을 보면 여러 개의 텍스트 상자가 자유롭게 배치되어 있습니다. ❶ 범위를 드래그하거나 Shift 를 누른 채 정렬할 모든 요소(텍스트 상자)를 클릭해서 선택합니다. 그런 다음 ❷ 요소 편집 메뉴에서 [**위치**] 버튼을 클릭합니다.

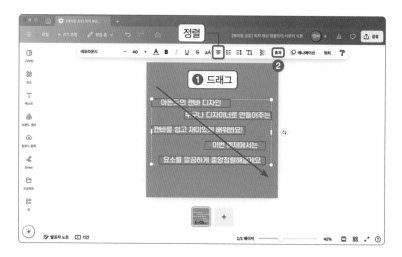

TIP 예제와 달리 하나의 텍스트 상자에 여러 줄을 입력한 상태라면 텍스트 상자를 선택한 후 요소 편집 메뉴에서 [정렬] 아이콘을 클릭하여 정렬합니다.

02 위치 패널이 열리면 ❶ [정렬] 탭의 '요소 정렬' 영역에서 [(수직으로)가운데]를 클릭하여 선택 중인 모든 텍스트 상자를 중앙 정렬하고, ❷ '고르게 띄우기' 영역에서 [수직으로]를 클릭하여 텍스트 상자의 사이 간격을 균일하게 조정하면 다음과 같이 정리됩니다.

03 이제 텍스트 상자들을 페이지에서 가운데로 정렬해 보겠습니다. 페이지 기준 정렬은 하나의 요소를 선택했을 때만 사용할 수 있습니다. 그러므로 먼저 모든 텍스트 상자가 선택된 상태에서 ❶ 마우스 오른쪽 버튼을 클릭한 후 ❷ [그룹화]를 선택하여 텍스트 상자들을 하나의 그룹으로 묶습니다.

TIP 그리드와 차트 요소는 그룹으로 묶을 수 없습니다.

04 위치 패널의 **[정렬]** 탭을 보면 ❶ '요소 정렬' 영역이 '페이지에 맞춤'으로 변경된 것을 확인할 수 있습니다. ❷ ❸ '페이지에 맞춤' 영역에서 수평, 수직 방향 **[가운데]** 아이콘을 각 각 클릭하면 ❹ 그룹으로 묶은 텍스트 상자가 페이지를 기준으로 정중앙에 배치됩니다.

TIP 이후 개별 텍스트 상자를 수정할 때는 다시 마우스 오른쪽 버튼으로 클릭한 후 [그룹 해제]를 선택하여 그룹을 풀 수 있습니다.

하이퍼링크 추가하기

캔바의 그래픽, 사진, 텍스트 등의 요소에는 하이퍼링크를 추가하여 해당 요소를 클릭했을 때 원하는 곳으로 이동하게 만들 수 있습니다. 다만 하이퍼링크는 PDF, 프레젠테이션, 웹사이트에서만 동작합니다.

예를 들어 다음과 같은 텍스트 상자를 페이지에 배치했다면 링크를 추가하기 위해 ❶ 마우스 오른쪽 버튼으로 클릭한 후 ❷ **[링크]**를 선택합니다.

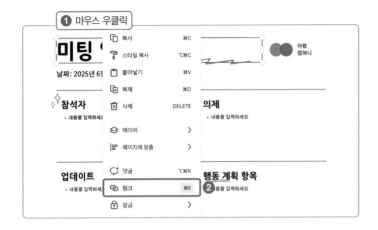

다음과 같은 팝업 창이 열리면 연결한 웹사이트 주소를 입력하거나 현재 디자인 내의 페이지를 선택합니다.

▲ 웹사이트로 연결하기

▲ 특정 페이지로 이동하기

▲ 링크를 적용하면 밑줄이 표시됩니다.

Canva

CHAPTER

03

디자인이 수월해지는
인공지능 사용하기

디자인을 자유롭게 변경하는 Magic Switch Pro

하나의 디자인을 완성하는 데에는 많은 시간과 노력이 필요합니다. 이렇게 완성한 디자인을 한 번의 사용으로 끝내지 않고 다양한 용도로 활용할 수 있다면 우리의 노력이 조금 더 빛을 발하지 않을까요? 완성한 디자인을 다양하게 활용하기 위한 캔바의 인공지능 기능을 살펴보겠습니다.

캔바의 에디터 화면에서 메뉴 바를 보면 [크기 조정] 버튼이 있습니다. 캔바 Pro에서만 사용할 수 있는 유료 기능으로 다양한 인공지능 기능이 포함되어 있습니다. 완성한 임의의 디자인 작업을 열고 각 기능을 실행하면서 확인해 보세요.

TIP [크기 조정 및 변환]으로 표기된 버튼의 명칭이 최근 업데이트로 [크기 조정]으로 변경되었습니다.

완성한 디자인의 크기 변경하기

먼저 크기 조정 기능입니다. 디자인 작업을 하던 중에 혹은 다 마치고 나서 크기를 변경하고 싶을 때 한 번쯤 있으셨죠? 이럴 땐 캔바의 크기 조정 기능을 사용하면 간편하게 원하는 크기로 바꿀 수 있습니다. 예를 들어 하나의 디자인 콘텐츠를 완성한 후 소셜 미디어의 규격에 맞게 크기를 변경해야 한다면 어떻게 해야 할까요?

에디터 화면의 위쪽 메뉴 바에서 [크기 조정] 버튼을 클릭해 보면 '크기 조정' 영역(또는 [크기 조정] 메뉴)에 자주 사용하거나 사용한 적이 있는 크기 목록과 원하는 크기를 쉽게 찾을 수 있도록 분류된 카테고리 메뉴가 표시됩니다.

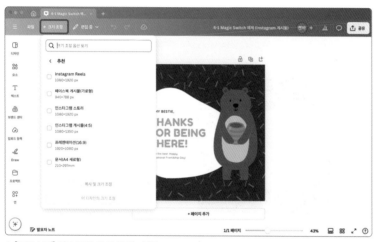

▲ [모두 보기] 링크 클릭 시 표시되는 목록

> **TIP** '크기 조정' 영역에 찾는 크기가 보이지 않는다면 검색창을 이용하거나 [모두 보기] 링크를 클릭하여 찾으면 됩니다.

캔바의 크기 조정 기능의 가장 큰 장점은 여러 종류의 크기로 한 번에 변환할 수 있다는 점입니다. 예를 들어 위와 같은 메뉴에서 [페이스북 게시물(가로형)]과 [인스타그램 스토리]에 모두 체크한 후 [복사 및 크기 조정] 버튼을 클릭하면 체크한 개수별로 별도의 디자인을 생성할 수 있습니다.

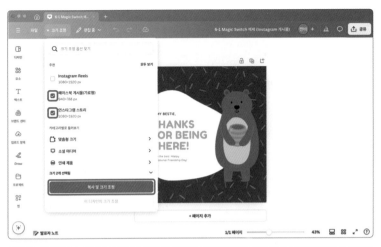

▲ 한 번에 여러 크기로 변경할 수 있는 캔바의 크기 조정 기능

[복사 및 크기 조정]과 [이 디자인의 크기 조정] 버튼이 표시됩니다. 크기가 변경된 디자인을 새로 만들 때는 [복사 및 크기 조정]을, 현재 디자인에서 크기를 변경하고 싶다면 [이 디자인에서 크기 조정] 버튼을 클릭합니다. 크기를 변경하면 현재 디자인 작업에 있는 모든 페이지의 크기가 변경되므로 [복사 및 크기 조정]을 이용하는 것이 좋습니다.

언어 번역으로 영문 템플릿 활용하기

페이지에 입력된 언어를 원하는 언어로 빠르게 번역할 수도 있습니다.

예를 들어 아래와 같이 영문으로 제작된 디자인이 있다면 영문을 한글로 번역하기 위해
❶ [크기 조정] 버튼을 클릭한 후 ❷ [자동 번역] 메뉴를 선택해 봅니다.

> **TIP** 캔바에는 수많은 디자인 템플릿이 있으며 한글화도 잘 되어 있는 편입니다. 그럼에도 더욱 다양한 디자인을 활용하고 싶다면 영문으로 검색하여 영문으로 제작된 템플릿을 사용하는 방법도 있습니다. 이때 영문 템플릿에 있는 내용까지 활용하고 싶다면 이번에 소개하는 언어 번역 기능이 큰 도움이 될 것입니다.

자동 번역 팝업 창이 열리면 ❶ [도착어] 옵션에서 번역할 언어와 어조를 선택하고, ❷ [적용할 페이지] 옵션에서 번역할 페이지를 선합니다(일부 및 전체 선택). 이때 [사본을 생성하지 않고 기존의 디자인 번역]에 체크 여부에 따라 새로운 디자인으로 번역될지, 현재 디자인에 그대로 번역될지 선택할 수 있습니다. 이어서 ❸ [자동 번역] 버튼을 클릭하면 해당 페이지에 있는 언어가 지정한 언어로 번역되며, 사본을 생성해서 번역했다면 ❹ [게시물 열기] 버튼을 클릭하여 번역된 디자인을 확인할 수 있습니다.

TIP 번역된 결과를 확인해 보면 가끔은 완벽하게 자연스럽지 않을 수도 있습니다. 이럴 때는 부분적으로 텍스트를 수정하여 사용하면 됩니다. Link 번역 기능을 이용한 디자인 실습은 213쪽 을 참고하세요.

디자인을 텍스트 콘텐츠로 변환하기

마지막으로 [크기 조정] 버튼에 있는 기능 중 가장 강력한 기능이라고 할 수 있는 [Doc으로 변환] 메뉴는 완성한 디자인을 이용해 캔바의 인공지능이 텍스트 위주의 새로운 콘텐츠로 만들어 줍니다. 단, 디자인에서 텍스트 상자 등을 이용해 입력한 텍스트의 내용이 충분해야 합니다.

디자인을 완성했다면 텍스트 콘텐츠로 변환하기 위해 에디터 화면에서 [Magic Switch] 버튼을 클릭한 후 [Docs로 변환] 메뉴를 선택해 봅니다. 다음과 같이 원하는 문서를 직접 입력하거나, 추천 템플릿 중 선택할 수 있습니다. 이 중에서 원하는 콘텐츠 종류를 선택한 후 [Doc으로 변환] 버튼을 클릭합니다. 변환이 완료되면 [Doc 열기] 버튼을 클릭하여 변환된 결과를 확인할 수 있습니다.

▲ 디자인을 Doc로 변환한 결과 화면

LESSON 02

이미지와 영상을 만들어 주는
Magic Media Pro

캔바 라이브러리에는 다양한 그래픽 요소가 있지만, 가끔은 작업 중인 디자인에 필요한 요소를 찾기 어려울 때도 있습니다. 그럴 땐 요소를 찾으려고 애쓰지 말고 [Magic Media] 기능을 사용해 보세요. 텍스트로 설명하면 인공지능이 원하는 이미지나 영상을 만들어 줍니다.

캔바에서 이미지 또는 영상을 생성하려면 [Magic Media] 앱을 이용합니다. [Magic Media] 앱을 찾아 실행한 다음 패널에서 [이미지] 또는 [동영상] 탭을 선택해서 원하는 형식으로 미디어를 만들 수 있습니다. 원하는 형태를 텍스트로 설명하면 인공지능이 자동으로 생성해 주는 방식이며, 최대한 구체적으로 설명해야 더 좋은 결과를 얻을 수 있습니다.

01 캔바에서 임의의 크기로 디자인을 시작한 후 에디터 화면이 열리면 ❶ 도구 바에서 [앱]을 클릭합니다. ❷ 앱 클릭 후 Canva의 다양한 기능 아래에 있는 [Magic Media] 앱을 클릭하여 실행합니다.

> **TIP** 도구 바에서 [요소]를 클릭한 후 요소 패널에서 AI 이미지 생성기 영역에 있는 [나만의 이미지 생성하기]를 선택해도 [Magic Media] 앱을 실행할 수 있습니다.

02 처음 Magic Media를 실행하면 앱 소개가 표시되며, **[열기]** 버튼을 클릭하면 다음과 같은 패널이 열립니다. ❶ **[이미지]** 탭의 명령 프롬프트 입력란에 원하는 이미지에 대해 설명하듯 작성한 후 ❷ 만들고 싶은 이미지 스타일을 선택합니다. ❸ 마지막으로 이미지의 가로세로 비율을 선택한 후 ❹ **[이미지 생성]** 버튼을 클릭합니다.

 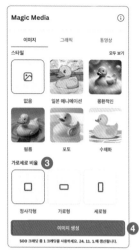

TIP 최근 업데이트로 [그래픽] 탭이 추가되었습니다. [그래픽] 탭에서는 '사진'이 아닌 '그래픽 요소'를 생성할 때 사용합니다.

03 입력한 텍스트와 선택 옵션에 따라 4개의 이미지가 생성되었습니다. 마음에 드는 이미지를 선택하면 바로 페이지에 배치되어 사용할 수 있으며 마음에 드는 이미지가 없다면 **[다시 생성하기]** 버튼을 클릭하여 새로운 이미지를 생성할 수도 있습니다.

04 동영상도 생성해 보겠습니다. ❶ Magic Media 패널에서 [동영상] 탭을 클릭합니다. ❷ 프롬프트 입력란에 원하는 동영상에 대해 자세하게 작성한 후 ❸ [동영상 생성하기] 버튼을 클릭합니다. ❹ 생성된 동영상을 확인한 후 선택해서 페이지에 배치하거나 [다시 생성하기] 버튼을 클릭하여 새로운 동영상을 만듭니다.

TIP 동영상은 이미지보다 생성되는 시간이 조금 더 오래 걸립니다.

05 인공지능이 생성해 준 동영상을 클릭해서 페이지에 삽입한 후 요소 편집 메뉴를 보면 4초짜리 영상임을 확인할 수 있습니다. Magic Media로 생성되는 영상의 길이는 항상 4초입니다.

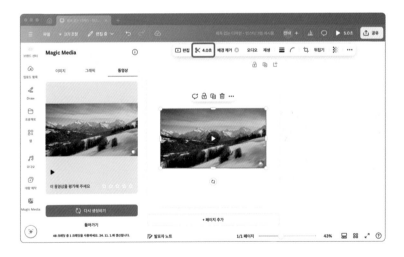

NOTE **Magic Media 사용 가능 횟수**

[Magic Media] 앱은 사용할 수 있는 횟수가 제한되어 있습니다. 출간 시점 기준으로 아래와 같으나 이후 캔바의 정책에 따라 바뀔 수도 있습니다.

- 무료 버전: 이미지는 총 50회, 동영상은 총 5회까지 [만들기], [다시 생성하기] 버튼을 클릭할 수 있으며, 이후에는 캔바 Pro를 구독해야 사용할 수 있습니다.

- Pro 버전: 이미지는 매달 500회, 동영상은 매달 50회 [만들기], [다시 생성하기] 버튼을 클릭할 수 있으며, 사용 횟수는 매월 말일에 갱신됩니다.

남은 사용 횟수는 Magic Media 패널의 가장 하단에 표시됩니다.

또 다른 인공지능 이미지 생성기 DALL-E: 캔바에서 자체적으로 제공하는 [Magic Media] 앱 외에도, 외부 인공지능 이미지 생성 서비스를 사용할 수 있습니다. 사용 방법은 Magic Media와 유사하지만, 사용하는 엔진이 다르기 때문에 같은 텍스트를 입력해도 다른 결과를 얻을 수 있습니다.

[앱] 도구 패널의 검색창에 'DALL-E'로 검색해서 찾을 수 있으며, 명령 프롬프트 입력란에 텍스트를 입력한 후 [Generate] 버튼을 클릭하면 이미지가 생성됩니다. 캔바 무료 사용자는 총 3회만 사용할 수 있으며, 캔바 Pro 사용자는 매달 25회까지 사용할 수 있습니다.

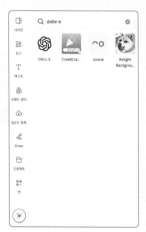

LESSON 03

인공지능을 이용한 사진 편집의 기술 Pro

인공지능 기술은 새로운 걸 만들어 주기도 하지만, 기존의 이미지를 자유롭게 편집할 때도 큰 도움이 됩니다. 캔바의 다양한 사진 편집 관련 인공지능 기능을 이용하여 사진에서 마음에 들지 않는 부분을 원하는 내용으로 채우거나, 사진에 있는 오브젝트나 텍스트를 추출할 수도 있습니다.

페이지에 사진을 배치한 후 요소 편집 메뉴에서 [**편집**] 버튼을 클릭하면 페이지 왼쪽에 패널이 열리며, 맨 위에 다음과 같은 'Magic Studio' 영역과 포함된 기능이 보입니다. 여기에 있는 6가지 기능 모두 캔바의 인공지능으로 사진 요소를 편집할 때 유용하게 사용할 수 있습니다.

아이콘을 클릭하여 각 기능을 사용할 수 있으며, 현재 선택 중인 사진에 적용한 기능에는 설정을 변경할 수 있는 [**구성**] 아이콘이 추가로 표시됩니다. 각 기능에 대해 자세히 살펴보겠습니다. Link 사진의 배경을 인식하여 제거해 주는 배경 제거 도구 기능은 089쪽 에서 설명합니다.

필요 없는 대상을 깔끔하게 지워 주는 Magic Eraser

[Magic Eraser] 기능은 사진에서 원하지 않는 부분을 지울 때 사용합니다. 예를 들어 다음 과 같은 사진에서 테이블 위에 있는 물건을 일부 지워서 편집할 수 있습니다.

페이지에서 사진을 선택한 후 요소 편집 메뉴에서 **[편집]** 버튼을 클릭하고, 왼쪽 패널에서 **[Magic Eraser]** 아이콘을 클릭합니다. 다음과 같이 Magic Eraser 패널이 열리면 ❶ **[브러시 크기]** 옵션을 적절한 크기로 설정하고, ❷ 페이지에 있는 사진에서 지우고 싶은 물건을 드래그해서 칠하기만 하면 됩니다. 또는 클릭 탭을 누른 뒤 이미지에서 지우고 싶은 물체를 선택한 후 지우기를 클릭하면 자동으로 지워집니다. 캔바의 인공지능에서 주변 배경을 인식하여 선택한 물건을 지워 줍니다. 결과가 마음에 들지 않는다면 반복해서 드래그하여 지우면 조금 더 자연스럽게 지울 수 있습니다.

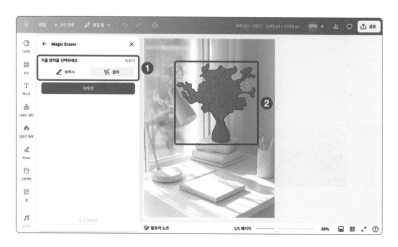

> **TIP** 페이지에 배치된 사진을 편집할 때면 페이지 비율이 아닌 사진의 원본 비율로 표시됩니다.

원하는 대상으로 채워 주는 Magic Edit

Magic Eraser 기능은 원치 않는 대상을 지우는 데에 그쳤다면, Magic Edit는 한 단계 더 나아가 지정한 부분을 지우고, 그 자리에 원하는 것으로 채울 수 있습니다. 예를 들어 다음과 같이 테이블 위에 있는 음료수 병을 화병으로 바꿀 수 있습니다.

페이지에서 사진을 선택한 후 요소 편집 메뉴에서 [편집] 버튼을 클릭하고, 왼쪽 패널에서 [Magic Edit] 아이콘을 클릭합니다. 다음과 같이 Magic Edit 패널이 열리면 ❶ [브러시 크기] 옵션을 적절한 크기로 설정합니다. ❷ 페이지에 있는 사진에서 바꾸고 싶은 물건을 드래그해서 칠한 후 ❸ [생성하기] 버튼을 클릭해 다음 단계로 넘어갑니다.

이어서 ① 입력란에 새로 만들고 싶은 대상에 대한 설명을 입력하고 ② [생성하기] 버튼을 클릭하면 ③ 4가지 버전으로 생성된 결과를 확인할 수 있습니다. 이 중에서 원하는 결과가 없다면 [다시 생성하기] 버튼을 클릭하고, 마음에 드는 이미지가 있다면 선택한 후 [완료] 버튼을 클릭해서 적용하면 됩니다.

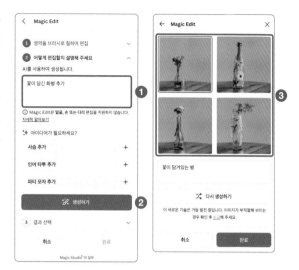

크기에 맞춰 사진을 확장시켜 주는 Magic Expand

이번에는 페이지에 배치한 사진의 해상도 등을 고려해서 더는 크기를 늘리기 어려운 상황일 때 활용하기 좋은 Magic Expand 기능입니다. 예를 들어 다음과 같이 페이지보다 작은 사진을 배치한 후 사진 자체를 키우는 것이 아니라 캔바의 인공지능을 이용해 빈 여백을 채울 수 있습니다.

페이지에서 확장할 사진을 선택한 후 요소 편집 메뉴에서 [편집] 버튼을 클릭하고, 왼쪽 패널에서 [Magic Expand] 아이콘을 클릭합니다.

다음과 같이 Magic Expand 패널이 열리면 ❶ [**사이즈 선택**] 옵션에서 확장할 방법을 선택한 후 ❷ [**Magic Expand**] 버튼을 클릭합니다. 예시에서는 페이지 가득 확장하기 위해 [**전체 페이지**]를 선택했습니다.

❸ 선택한 크기로 확장된 4장의 결과가 나타나면 자연스러운 사진을 선택한 후 ❹ [**완료**] 버튼을 클릭해서 적용합니다. 만약 마음에 드는 결과가 없다면 [**새로운 결과 생성하기**] 버튼을 클릭하여 새로운 4장의 결과를 확인할 수 있습니다.

TIP Magic Expand 패널에서 [자르기] 탭을 클릭하면 사진을 원하는 비율로 자를 수 있으며, 자르기 기능은 무료로 사용할 수 있습니다.

사진에서 오브젝트를 분리하거나 텍스트 인식하기

캔바의 인공지능 기능을 이용하면 사진에 있는 사물을 인식해서 분리하거나 텍스트를 인식해서 편집할 수 있습니다. 각각 Magic Grab과 텍스트 추출 기능을 이용합니다.

Magic Grab 사진을 선택한 후 요소 편집 메뉴에서 [편집] 버튼을 클릭하고, 왼쪽 패널에서 [Magic Grab] 아이콘을 클릭하면 곧바로 인공지능이 사진에서 배경과 사물을 인식하여 서로 분리합니다. 이렇게 분리된 사물은 별도의 요소로 옮겨서 사용할 수 있고, 사물이 있던 자리는 자연스럽게 채워집니다.

> **TIP** Magic Grab 기능은 배경과 사물을 각각 분리하는 기능입니다. 만약 사진에서 배경은 필요 없고 사물만 남기고 싶다면 배경 제거 도구를 이용해도 좋습니다. **Link** 배경 제거 도구는 **089쪽**에서 설명합니다.

텍스트 추출 사진을 선택한 후 요소 편집 메뉴에서 [편집] 버튼을 클릭하고, 왼쪽 패널에서 [텍스트 추출] 아이콘을 클릭하면 곧바로 인공지능이 사진에서 텍스트를 인식하여 내용이나 스타일 등을 편집할 수 있는 텍스트 상자로 변환해 줍니다. 단, 아직까지 한글은 지원하지 않고 영문이나 숫자 위주로 추출됩니다.

04 디자인까지 완성해 주는
인공지능 Magic Design Pro

> 캔바의 다양한 템플릿을 이용하면 원하는 디자인을 쉽게 완성할 수 있지만, 수많은 템플릿 중 마음에
> 드는 걸 고르기 어렵다면, 혹은 내가 가진 이미지와 어울리는 디자인을 완성하고 싶다면 캔바의 인공
> 지능에게 디자인을 맡겨 보세요.

Magic Design을 이용하면 원하는 디자인을 뚝딱 완성할 수 있습니다. 다만 현재까지는 한글 언어 설정에서는 지원하지 않는 기능입니다. 그러므로 우선 캔바 홈 화면에서 오른쪽 위에 있는 [설정]⚙ 아이콘을 클릭한 후 [언어] 옵션에서 [English(US)]로 설정한 후 실습을 시작합니다.

01 언어 설정을 변경했다면 다시 홈 화면으로 돌아와서 중앙에 있는 검색창에 만들고 싶은 디자인에 대해 설명하는 방식으로 입력하여 검색합니다. 여기서는 카페 메뉴 홍보를 위한 인스타그램 게시물을 만들기 위해 'cafe menu Instagram post' 라고 입력 후 하단의 [Canva Templates] 를 클릭합니다. **Link** 디자인 페이지를 먼저 생성한 후 인공지능으로 디자인하는 방법은 **233쪽** 을 참고합니다.

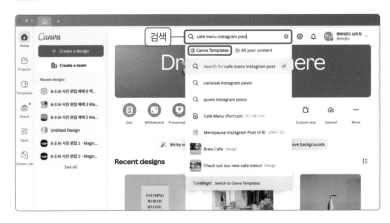

TIP 설정 화면에서 왼쪽 위에 있는 [Canva] 로고를 클릭하면 캔바 홈 화면으로 빠르게 이동할 수 있습니다.

02 검색 결과 화면이 열리면 ❶ 'Magic Design' 영역에 인공지능이 생성한 디자인들이 표시됩니다. 좀 더 맞춤 디자인으로 변형하기 위해 ❷ [Media] 버튼을 클릭한 후 ❸ 디자인에 사용할 사진을 선택하거나 새로 업로드한 후 ❹ [See results] 버튼을 클릭합니다.

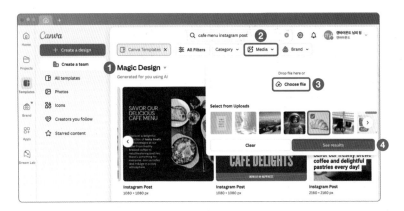

> **TIP** 'Magic Design' 영역이 보이지 않는다면 검색 시 필요한 모든 키워드가 포함되지 않았을 수 있습니다. 만들고자 하는 디자인의 주요 소재 내용, 용도, 종류 등을 모두 포함하여 다시 검색해 보세요.

03 선택한 이미지를 반영하여 'Magic Design' 영역에 새로운 디자인 목록이 표시됩니다. 이제 디자인 목록에서 사용할 디자인을 선택합니다.

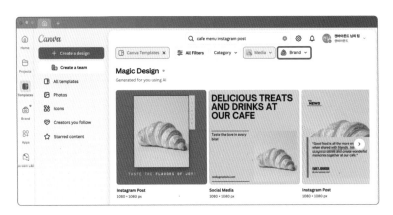

> **TIP** 브랜드 키트를 설정해 두었다면 [Media] 오른쪽에 [Brand] 버튼이 추가로 표시되어 브랜드 컬러나 폰트 등을 적용한 맞춤 디자인을 확인할 수도 있습니다. **Link** 브랜드 키트는 158쪽을 참고합니다.

04 다음과 같이 팝업 창이 열리고 선택한 디자인에 대한 설명이 나타나면 [Customize this template] 버튼을 클릭하여 에디터 화면을 시작하고, 수정이 필요한 부분을 편집하여 완성합니다.

디자인 한 걸음 더   요소를 디자인해 주는 Magic Morph

Magic Design 기능이 새로운 디자인을 완성해 주는 인공지능이라면, Magic Morph 는 캔바에 있는 요소를 내가 원하는 스타일로 가공해 주는 인공지능입니다. 쉽게 말해 인공지능으로 디자인에 독창성을 추가할 수 있는 기능입니다. 예를 들어 다음과 같은 평범한 도형 요소를 화려한 입체 도형으로 빠르게 변경할 수 있습니다.

Magic Morph 기능도 앱을 사용해야 합니다. ❶ 에디터 화면의 도구 바에서 [앱] 을 클릭한 후 ❷ 검색창을 이용해 [Magic Morph] 앱을 찾아 실행합니다. ❸ Magic Morph 패널이 열리면 페이지에서 선택 중인 요소가 선택되어 있습니다. ❹ 설명란에 변형하고 싶은 모습을 상세히 입력합니다. ❺ 끝으로 [Magic Morph] 버튼을 클릭하면 4가지로 결과가 나타납니다. 원하는 항목을 선택해서 적용하거나 [다시 만들기] 버튼을 클릭하여 새로운 결과를 생성할 수 있습니다.

LESSON 05

인공지능으로 원고를 작성하고, PPT 만들기

지금까지 인공지능을 디자인 작업에 이용하는 다양한 방법을 배웠습니다. 이처럼 유용한 캔바의 인공지능은 디자인 능력뿐만 아니라 챗GPT처럼 질문을 하고 그에 따른 답변을 제공하기도 합니다. 또한, 캔바에서 작성한 문서를 바탕으로 PPT용 슬라이드까지 제작해 줍니다.

똑똑한 캔바의 인공지능 챗봇 Magic Write Pro

챗GPT의 유행으로 검색엔진을 이용하는 대신 인공지능으로 원하는 결과를 찾는 사람이 많아지고 있습니다. 캔바에도 이런 인공지능 챗봇 기능이 있습니다. 디자인 중에 아이디어가 필요하다면 Magic Write에게 도움을 요청해 보세요.

Magic Write 기능을 사용하기에 가장 적합한 페이지는 문서 작성용 페이지입니다. 캔바 홈 화면에서 [디자인 만들기] 버튼을 클릭한 후 [Docs]를 선택하여 새로운 문서를 시작합니다.

▲ 캔바의 문서 작성용 페이지, Docs

> **TIP** 캔바의 문서 작성 페이지는 페이지가 구분되지 않고 문서의 길이에 맞춰 자동으로 늘어납니다.

다음과 같이 문서 작성 페이지가 열리면 상단의 [Magic Write]를 선택합니다. 만약 [Magic Write] 메뉴가 바로 보이지 않는다면 검색창에 'Magic Write'라고 검색해 보세요.

Magic Write 팝업이 열리면 원하는 질문을 입력하고 [생성하기] 버튼을 클릭하면 됩니다. 이때, 질문은 최대한 구체적으로 작성하는 게 좋으며, 아래에서 자주 사용되는 질문 템플릿을 사용할 수도 있습니다. 캔바의 Magic Write 팝업 창에 다음과 같이 질문하고 답을 얻었습니다.

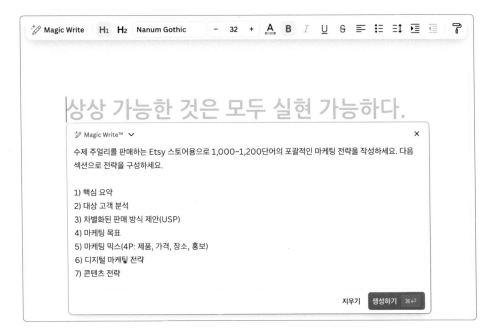

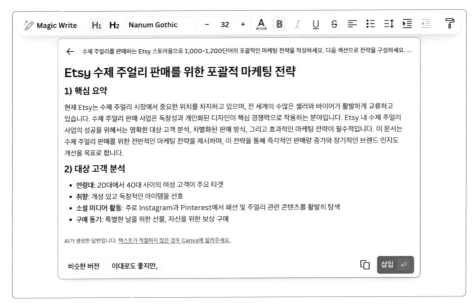

▲ 캔바의 Magic Write를 이용한 답변

NOTE **Magic Write 사용 시 주의할 점**

- 질문 입력은 1,500 단어까지, 답변은 약 2,000 단어까지 출력됩니다. 답변 내용이 2,000 단어가 넘으면 텍스트가 잘려서 나올 수 있습니다.
- 2021년 중반까지의 데이터와 정보만 사용됩니다. 따라서 생성된 답변에는 오래된 정보가 포함될 수 있습니다.
- 생성형 인공지능의 특성상 사실과 다른 답변이 만들어질 수 있습니다.
- 무료 사용자는 총 50회까지, Pro 사용자는 매월 500회까지 사용할 수 있습니다.
- 사용 가능 횟수는 캔바의 정책에 따라 변경될 수 있습니다.

캔바의 Magic Write 기능은 꼭 문서 작성용 페이지에서만 사용할 수 있는 것은 아닙니다. 디자인 페이지에서 텍스트 상자를 추가한 후 내용을 입력하고 해당 텍스트 상자를 선택하면 작은 팝업 메뉴가 나타납니다. 여기서 [Magic Write] 버튼을 클릭하면 다양한 메뉴가 표시되며, 원하는 메뉴를 선택하여 기존의 텍스트를 기준으로 더 재미있고, 풍성한 내용으로 손쉽게 변경할 수 있습니다.

▲ 캔바 인공지능이 더 재미있게 변경해 준 텍스트

> **TIP** Magic Write 기능은 모든 형태의 페이지에서 사용할 수 있습니다. 텍스트 상자를 선택한 상태에서 [Magic Write] 버튼을 클릭하거나, 에디터 화면 오른쪽 아래에 표시되는 Canva 어시스턴트 아이콘을 클릭하거나 단축키 ⟮/⟯를 누른 후 [Magic Write]를 선택하면 됩니다.

문서를 프레젠테이션 슬라이드로 변환하기

캔바에서 작업한 문서를 발표용 슬라이드로 만드는 것도 캔바의 인공지능의 도움을 받으면 쉽게 완성할 수 있습니다. 프레젠테이션으로 변환 기능을 이용한 것으로, 기능명에서도 알 수 있듯이 문서 작성용 페이지에 있는 내용을 프레젠테이션용 슬라이드로 변환해 줍니다.

방법은 간단합니다. 문서 작성용 페이지에서 이미지와 텍스트 등을 활용하여 문서 작성을 완성한 후 왼쪽 위에 있는 [Magic Switch]를 누른 후 '프레젠테이션으로 변환'을 클릭합니다. 예를 들어 다음과 같이 완성한 문서에서 [Magic Swtich] 버튼을 클릭한 후 원하는 디자인을 선택하면 순식간에 슬라이드가 완성됩니다. 여러분은 이제 각 슬라이드 페이지를 확인하면서 일부 필요한 내용을 편집해서 사용하면 됩니다.

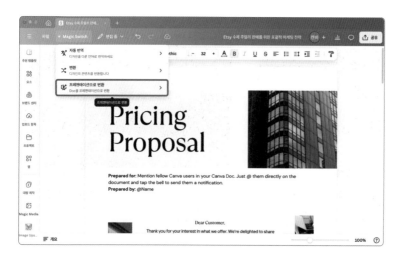

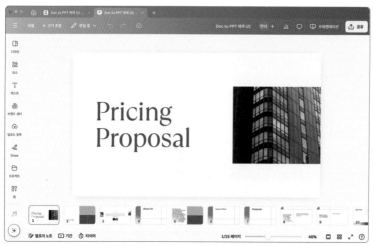

▲ 캔바의 인공지능이 완성해 준 슬라이드

TIP 문서 작성용 페이지는 워드와 같은 일반 문서 편집기와 동일한 방법으로 사용할 수 있습니다.

캔바의 영상
편집 기능 익히기

LESSON 01

영상 제작용
페이지 시작하기

캔바에서는 로고나 소셜 미디어의 이미지 콘텐츠처럼 정적인 디자인뿐만 간단한 영상 콘텐츠를 제작할 수도 있습니다. 캔바에서 영상을 만드는 방법은 2가지입니다. 기본적으로는 영상 제작용 페이지로 새로운 디자인을 시작하는 방법이고, 또 다른 방법은 디자인 페이지에 시간을 설정하여 영상으로 표현하는 방법입니다.

원하는 크기로 영상 페이지 시작하기

영상 페이지를 시작하기 위해 홈 화면에서 [동영상] 카테고리를 선택한 후 원하는 크기의 영상 페이지를 시작하면 됩니다. 또는, [디자인 만들기] 버튼을 클릭한 후 [동영상] 또는 [모바일 동영상]으로 새로운 영상 제작을 시작합니다.

① **동영상:** 1920×1280px 크기의 영상 제작 페이지가 열립니다. 유튜브에서 사용하는 가장 대중적인 크기의 영상입니다.

② **모바일 동영상:** 1080×1920px 크기의 영상 제작 페이지가 열립니다. 유튜브 쇼츠, 인스타그램 릴스, 틱톡 등 숏폼 영상에 적합한 크기입니다. 참고로, [디자인 만들기] 버튼을 클릭했을 때 추천 항목으로 표시되는 [스토리]를 선택하면 크기는 같지만 영상이 아닌 디자인 제작 페이지가 시작됩니다.

▲ 동영상 제작 페이지

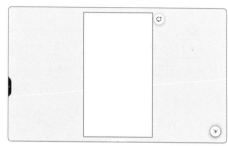

▲ 모바일 동영상 제작 페이지

TIP 영상 제작을 시작한 이후라도 상단 메뉴 바에서 [크기 조정]을 선택하여 원하는 크기를 선택하거나 [크기 조정]-[맞춤형 크기]를 선택한 후 원하는 크기를 직접 입력해서 크기를 변경할 수 있습니다.

여러 디자인 페이지를 영상 페이지로 변환하기

카드 뉴스나 프레젠테이션용 슬라이드처럼 여러 페이지로 작업한 디자인이라면 지정한 시간이 지난 후 자동으로 페이지가 전환되는 영상으로 변경할 수 있습니다.

예를 들어 여러 페이지로 만든 프레젠테이션용 페이지를 영상으로 제작하고 싶다면 ❶ [썸네일] 아이콘을 클릭하고, ❷ [기간] 버튼을 클릭합니다. ❸ 페이지 목록에서 첫 번째 페이지 왼쪽에 [재생] 아이콘이 표시된다면 영상으로 변경되었다는 의미입니다.

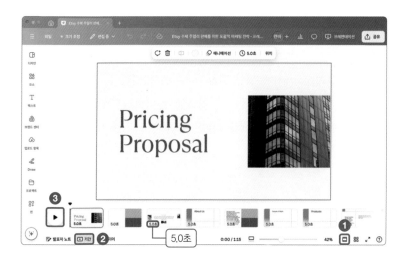

영상으로 변경되었으면 이제 페이지마다 머무르는 시간을 설정하면 됩니다. 여러 페이지의 디자인을 영상으로 변경한 후 각 페이지 썸네일을 보면 [5.0초]가 기본으로 적용됩니다. 시간을 변경하려면 다음과 같은 방법 중 원하는 방법을 이용하면 됩니다.

- 썸네일의 좌우를 클릭한 채 드래그하기
- 썸네일에 있는 시간을 클릭한 후 원하는 시간 입력하기
- 요소 편집 메뉴에 있는 [시간 편집] 버튼을 클릭한 후 시간 입력하기

▲ [시간 편집] 버튼과 팝업 창

LESSON 02
간단하게 영상 컷 편집하기

영상 편집의 기본은 컷 편집입니다. 여기서는 캔바에서 제공하는 영상 요소를 배치하고, 페이지 가득 채운 후 전체 영상에서 필요 없는 앞뒤 부분을 자르거나 하나의 영상 요소를 여러 개로 분리하는 기본적인 컷 편집 방법을 소개합니다.

영상 요소를 페이지 가득 채우기

촬영했거나 캔바에서 선택한 영상 요소가 페이지의 크기와 일치하지 않을 때가 많습니다. 이럴 때는 어떻게 해야 할까요? 영상 요소를 페이지 가득 채우는 방법을 실습해 보겠습니다.

01 ❶ 홈 화면에서 [디자인 만들기]–[동영상]–[모바일 동영상]을 선택하여 1080×1920px 크기의 영상 페이지를 시작합니다. ❷ 필요한 영상을 찾기 위해 왼쪽 도구 바에서 [요소]를 클릭한 후 ❸ '동영상' 영역에서 [모두 보기] 링크를 클릭합니다.

> **TIP** 사용자의 영상을 사용하고 싶다면 영상 파일을 페이지로 드래그하거나, 왼쪽 도구 바에서 [업로드 항목]을 클릭한 후 [파일 업로드] 버튼을 클릭해서 업로드한 후 선택해서 사용할 수 있습니다.

02 동영상 패널이 열리면 ① 원하는 동영상을 클릭하여 선택하면 ② 곧바로 페이지에 추가됩니다. 여기서는 '하늘'로 검색한 후 23초짜리 구름 영상을 선택했습니다.

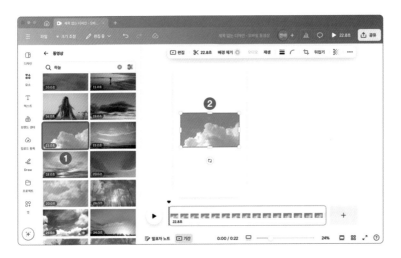

03 영상을 페이지 가득 채우기 위해 ① 페이지에 추가된 영상에서 마우스 오른쪽 버튼을 클릭한 후 ② **[동영상을 배경으로 설정합니다]**를 선택합니다.

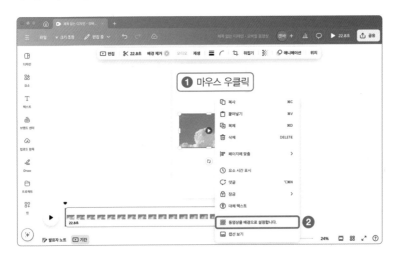

> **TIP** 배치한 영상 요소의 홀더를 드래그하여 크기를 변경하는 방법으로 페이지를 가득 채워도 됩니다. 하지만, 이후 영상 요소 위에 또 다른 요소들을 배치하는 등의 디자인 작업 시 메인 영상이 선택되거나 위치가 변경되는 등 작업에 방해가 될 수 있으므로, 배경으로 처리하는 것이 좋습니다.

04 영상 소스가 페이지 가득 채워졌으나 좌우가 일부 잘린 것을 확인할 수 있습니다. 이처럼 영상 소스의 가로세로 비율과 페이지의 가로세로 비율이 다르면 일부가 잘린 채 채워집니다.

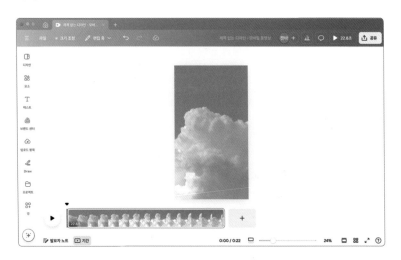

05 ❶ 페이지에 보이는 영상의 위치나 크기를 조정하려면 페이지를 더블 클릭합니다. 영상에서 잘린 부분이 모두 표시되면 안쪽을 드래그하여 페이지에서 표시될 위치를 조정하고 영상의 홀더를 드래그하여 크기를 조절한 후 ❷ 다시 더블 클릭하면 조정이 완료됩니다.

앞뒤를 잘라 전체 길이 줄이기

영상의 길이를 줄이고 싶을 때 가장 간편한 방법은 앞뒤를 자르는 것입니다. 캔바의 자르기 기능은 실제 영상을 자르는 것이 아니라 원하는 구간을 선택하는 방식으로 영상의 길이를 조절할 수 있습니다. 앞서 배치한 23초짜리 구름 영상의 전체 길이를 조절해 보겠습니다.

01 ❶ 영상 소스를 선택한 후 ❷ 요소 편집 메뉴에서 가위 모양 아이콘을 클릭합니다.

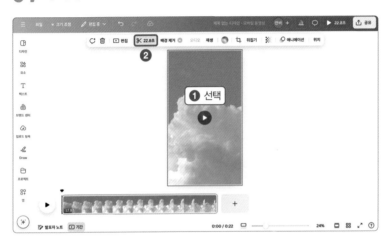

02 요소 편집 메뉴 위치에 전체 영상의 타임라인이 펼쳐집니다. ❶ ❷ 양쪽에 있는 보라색 바를 좌우로 드래그하여 원하는 구간을 선택하면서 ❸ 타임라인 왼쪽에 표시되는 선택한 구간의 길이를 확인합니다. ❹ 구간 선택이 끝나면 [완료] 버튼을 클릭합니다.

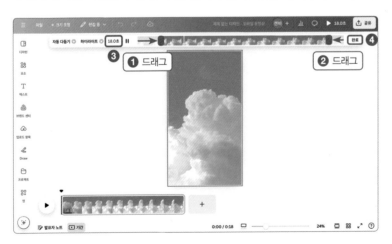

03 썸네일에서 영상 트랙이나 요소 편집 메뉴에 표시된 재생 시간을 보면 최초 23초에서 18초로 줄어든 것을 확인할 수 있습니다.

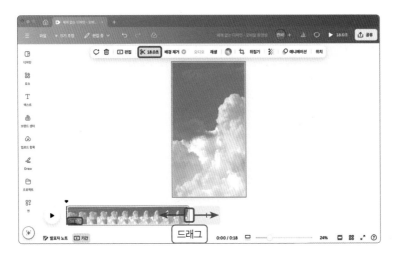

TIP 썸네일이 펼쳐져 있고, [기간] 버튼이 활성화되어 있다면 가위 모양 아이콘을 클릭하지 않고, 썸네일에 있는 영상 트랙에서도 양쪽을 드래그하여 길이를 조절할 수 있습니다.

불필요한 구간 분리해서 지우기

영상의 중간 부분이 불필요하다면 어떻게 해야 할까요? 영상에서 불필요한 구간을 분리해서 삭제하면 됩니다. 단, 이렇게 영상을 분리하면 하나의 페이지에 있던 영상이 여러 페이지로 나누어집니다.

01 썸네일이 펼쳐져 있고 [기간] 버튼이 활성화되어 있다면 영상 트랙에 검은색 바가 보입니다. 이 바가 있는 위치는 현재 페이지에 표시되는 장면에 해당하며, 영상 트랙에서 특정 위치를 클릭하거나 바 위에 있는 삼각형 아이콘을 드래그해서 옮길 수 있습니다.

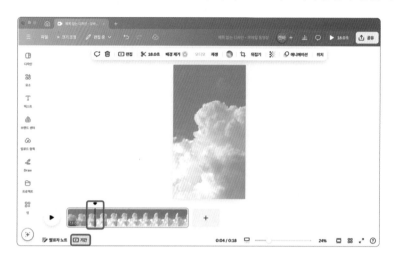

02 영상을 분할하기 위해 우선 **1** 분할할 위치로 검은색 바를 옮깁니다. 그런 다음 영상 트랙에서 마우스 오른쪽 버튼을 클릭한 후 **2** [페이지 분할]을 선택합니다(단축키 S).

03 영상 중간 부분을 삭제할 것이므로 한 번 더 분할해야 합니다. 검은색 바를 삭제할 구간의 끝으로 옮긴 후 단축키 [S]를 눌러 영상을 분할합니다. 다음과 같이 1개의 영상이 3개의 영상(3개의 페이지)으로 나누어졌습니다.

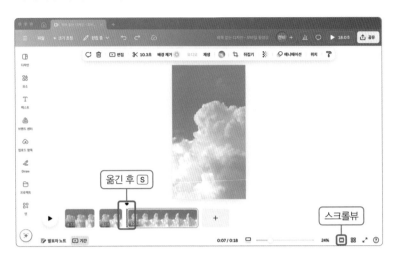

TIP [스크롤뷰] 아이콘을 클릭해서 페이지 목록을 닫아 보면 총 3개의 페이지로 나누어진 것을 확인할 수 있습니다.

04 분할한 3개의 영상(페이지) 중 **①** 삭제할 영상에서 마우스 오른쪽 버튼을 클릭한 후 **②** [1 페이지 삭제]를 선택하거나 [Delete]를 눌러 삭제합니다.

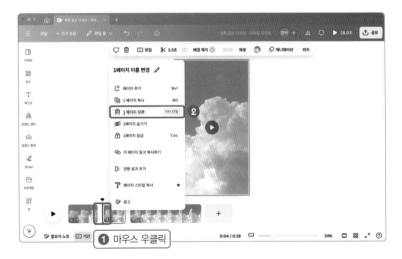

TIP Ctrl 또는 Shift 를 누른 채 여러 트랙을 클릭하여 다중 선택한 후 일괄 삭제할 수도 있습니다.

05 다음과 같이 2개의 영상만 남았습니다. [재생] 아이콘을 클릭하여 영상을 재생해 보세요. 중간 영상이 빠지면서 다소 어색하게 재생되는 것을 확인할 수 있습니다. **Link** 어색한 영상을 자연스럽게 전환하는 영상 전환 효과는 144쪽 에서 확인할 수 있습니다.

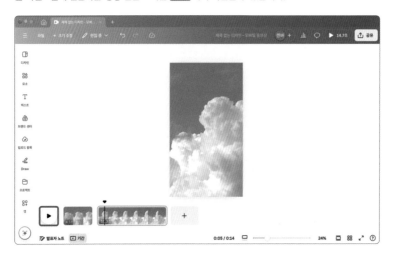

디자인 한 걸음 더   영상 보정하기

캔바에서 제공하는 영상 요소는 대부분 품질이 좋습니다. 하지만 직접 촬영한 영상 중에는 너무 어둡거나 밝아서 보정이 필요할 때가 있습니다. 혹은 원하는 느낌을 연출하기 위해 색감을 보정해야 할 때도 있습니다. 이럴 때는 사진 보정과 같은 방법으로 캔바의 필터 효과를 이용할 수 있습니다.

• **필터 목록 보기:** 페이지에 배치된 ① 영상 요소를 선택한 후 ② 요소 편집 메뉴에서 [동영상 편집] 버튼을 클릭하면 편집 패널의 [효과] 탭이 열립니다. ③ 여기서 '필터' 영역의 [모두 보기] 링크를 클릭하면 사용할 수 있는 모든 필터 목록이 나타납니다.

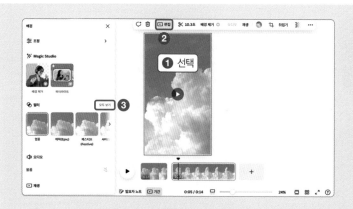

- **필터 적용하기:** 전체 필터 목록이 표시되면 원하는 필터를 클릭합니다. 효과를 클릭하는 즉시 선택 중인 영상에 적용되며, 추가로 세부 옵션을 조정할 수 있습니다.

- **직접 보정하기:** 편집 패널에서 [조정] 탭을 클릭하면 다음과 같이 다양한 세부 옵션을 확인할 수 있습니다. 여기서 직접 각 옵션을 조정하여 변화를 확인하면서 보정할 수 있습니다. 보정 후 [다시 설정] 버튼을 클릭하면 초깃값으로 되돌릴 수 있습니다.

▲ 필터 목록   ▲ [조정] 탭의 직접 보정 옵션

LESSON 03 전환 효과 및 재생 속도, 타이밍 조정하기

여러 영상을 페이지마다 배치하여 재생하거나 하나의 영상을 분리한 후 중간을 잘라낸다면 페이지 전환 시 어색할 수 있습니다. 이럴 때 사용하는 전환 효과부터 중요하지 않은 영상을 빠르게 재생하는 재생 속도 조정 및 추가한 요소가 나타나는 시점을 변경하는 방법까지 배워 보겠습니다.

전환 효과로 자연스럽게 재생하기

캔바에서 제공하는 전환 효과는 디졸브부터 잘라내기까지 9가지가 있습니다. 직접 실습하면서 각 효과의 움직임을 확인해 보세요. 아래 실습은 지난 [LESSON 02]의 실습에서 이어집니다.

01 페이지 목록에 2개의 영상(페이지)이 있다면 두 영상 사이로 마우스 커서를 옮깁니다. 잠시 후 나타나는 2개의 아이콘 중 아래에 있는 [**전환 추가**] 아이콘을 클릭합니다.

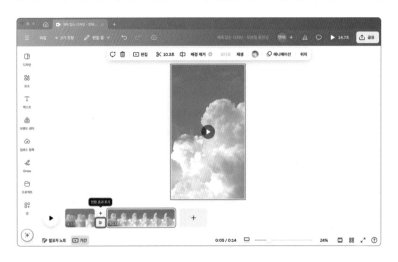

> **TIP** + 모양은 [페이지 추가] 아이콘으로 두 영상 사이에 빈 페이지를 추가할 때 사용합니다.

02 전환 패널이 열리면 각 효과에 마우스 커서를 옮겨서 효과별 움직임을 미리 확인할 수 있습니다. ❶ 사용할 전환 효과를 선택한 후 ❷ 효과에 따른 세부 옵션을 조정합니다.

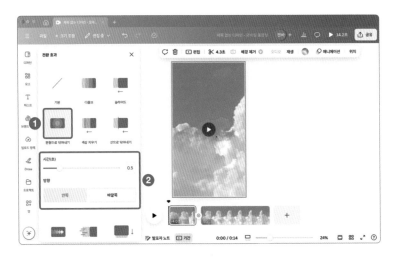

03 전환 효과를 추가하면 ❶ 효과가 적용된 영상 사이에는 효과에 따라 다른 모양의 아이콘으로 표시됩니다. ❷ 왼쪽의 [재생] 아이콘을 클릭해 결과를 확인해 봅니다.

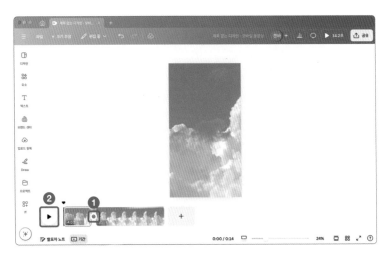

NOTE 다른 영상 추가하기

하나의 영상 요소를 이용한 편집을 마친 후 이어서 새로운 영상을 추가하려면 ❶ 새로운 페이지를 먼저 추가한 후 ❷ 영상을 배치해야 합니다.

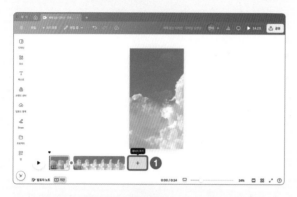

마찬가지로 영상과 영상 사이에 새로운 영상을 추가하고 싶다면 영상 사이에 새로운 페이지를 추가한 후 영상을 배치합니다.

영상의 속도 조정하기

사용한 영상의 움직임이 단조롭거나 무척 느리게 재생된다면 지루한 영상 콘텐츠가 될 수 있습니다. 이럴 때는 영상의 재생 속도를 빠르게 조정하여 재생 시간도 줄이고, 지루함도 해결할 수 있습니다.

01 ❶ 전환 효과까지 추가한 앞선 실습 결과를 재생해 보면 뒤쪽에 배치된 영상이 다소 길고 지루하게 느껴집니다. ❷ 뒤쪽(두 번째) 영상을 선택한 후 ❸ 요소 편집 메뉴에서 [재생] 버튼을 클릭합니다.

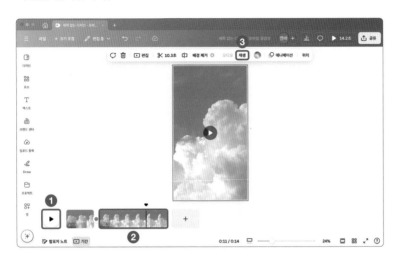

02 동영상 재생 패널이 열리면 ❶ [동영상 속도] 옵션에서 슬라이드 바를 오른쪽으로 드래그하여 재생 속도를 [1.75배]까지 빠르게 조정합니다. ❷ 재생 속도가 빨라지면서 영상의 길이도 짧아진 것을 확인할 수 있습니다.

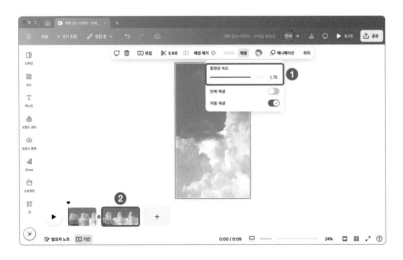

TIP [반복 재생], [자동 재생] 옵션은 영상을 프레젠테이션에 삽입했을 때 활용하는 기능입니다.

요소가 나타나는 타이밍 조정하기

캔바에서 영상을 편집할 때는 다른 디자인을 편집할 때와 동일하게 다양한 요소를 추가할 수 있습니다. 이때, 요소별 등장하는 타이밍을 설정하는 것도 가능합니다. 만약 별도로 타이밍을 설정하지 않으면 영상이 시작할 때부터 끝날 때까지 일정하게 나오게 됩니다.

지금까지 배운 내용을 활용하여 다음과 같이 숏폼에 적합한 영상 제작 페이지를 시작한 후 (132쪽 참고) 캔바의 동영상 요소에 있는 구름 영상을 배경으로 채웁니다(136쪽 참고). 그런 다음 실습을 따라 하면서 요소에 움직임을 결정하는 타이밍을 설정해 보세요.

01 구름 영상을 배경으로 채웠다면 텍스트, 그래픽 요소 등을 자유롭게 추가합니다. 예제에서는 6개의 텍스트 상자를 추가한 후(180쪽 참고), 스타일 지정 및 정렬(099쪽 참고) 기능을 이용했습니다.

TIP 하나의 페이지에 서로 다른 2개 이상의 영상을 추가하고 각 영상을 편집할 수도 있습니다. 동일한 페이지에 추가된 영상은 이후 저장 시 동시에 재생되므로, 여기서 배우는 타이밍 설정 방법을 이용하여 각 영상이 나타나는 타이밍을 설정하면 좋습니다.

02 영상을 재생해 보면 텍스트 및 디자인 요소가 처음부터 끝까지 그대로 표시됩니다. 타이밍을 변경하여 영상이 재생되는 중에 하나씩 나타나도록 설정해 보겠습니다. ❶ 5개의 텍스트 상자를 모두 선택하고 마우스 오른쪽 버튼을 클릭한 후 ❷ **[요소 시간 표시]**를 선택합니다.

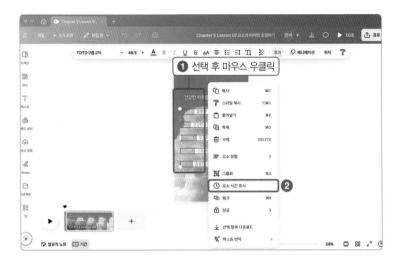

03 **[썸네일]**을 클릭해 페이지 목록을 보면 선택한 요소들의 트랙이 나타납니다.

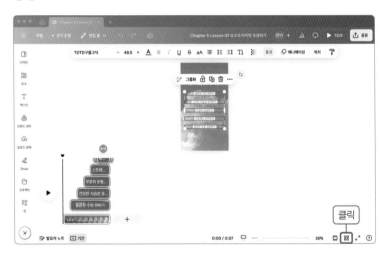

04 ❶ 그룹 트랙이 요소별 트랙으로 펼쳐집니다. ❷ 요소별 트랙의 가장자리를 드래그하여 해당 요소가 나타날 시점과 사라질 시점을 변경합니다. 예제에서는 텍스트 상자가 순차적으로 나타나도록 설정했습니다. ❸ **[재생]** 아이콘을 클릭해서 결과를 확인해 보세요.

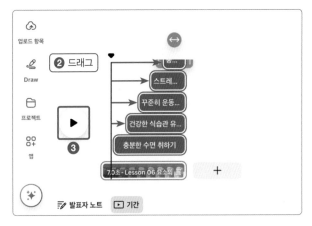

> **TIP** 타이밍은 해당 요소가 나타나고 사라지는 시점을 정하는 것입니다. 여기에 추가로 애니메이션 효과를 적용하면 조금 더 다이나믹한 영상을 만들 수 있습니다. **Link** 애니메이션 효과는 **081쪽**을 참고하세요.

LESSON 04

오디오 추가하고 편집하기

요즘은 소셜 미디어에서 자체적으로 오디오를 제공하기 때문에 영상을 편집할 때 따로 오디오를 넣지 않는 경우도 많습니다. 하지만 직접 보유 중이거나 캔바의 오디오 요소를 활용하면 좀 더 색다른 영상을 완성할 수 있습니다.

오디오 트랙 추가하기

내가 가지고 있는 오디오 파일(mp3)을 업로드하여 사용할 수 있지만, 우수한 품질로 손쉽게 사용할 수 있는 캔바의 오디오 사용을 추천합니다. '행복한', '팝', '웅장한 곡' 등 다양한 카테고리별 수많은 오디오 요소를 제공합니다. 지난 타이밍 조정 실습에 이어서 진행하거나 임의의 영상 페이지를 완성한 후 다음 실습을 따라 해 보세요.

01 영상 편집이 끝난 페이지에 오디오를 추가해 보겠습니다. ❶ 페이지 목록에서 검은색 바를 오디오가 시작될 위치로 옮깁니다. 여기서는 맨 앞으로 옮겼습니다. ❷ 그런 다음 도구 바에서 [요소]를 클릭한 후 ❸ 요소 패널이 열리면 '오디오' 영역에서 [모두 보기] 링크를 클릭합니다.

02 카테고리로 구분된 오디오 목록이 나타나면 ❶ 검색 기능을 이용하거나 원하는 카테고리의 [모두 보기] 링크를 클릭하여 세부 목록에서 원하는 오디오를 찾아 선택합니다. ❷ 페이지 목록을 보면 검은색 바 위치를 기준으로 오디오 트랙이 추가됩니다.

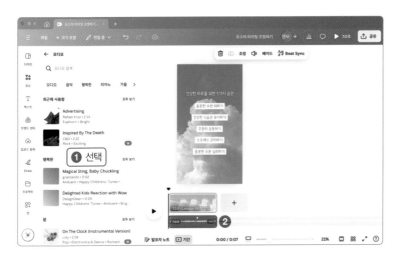

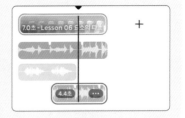

03 추가한 오디오 트랙이 영상보다 길면 영상의 길이만큼 활성화되고, 나머지 부분은 회색으로 비활성화됩니다. 재생될 오디오 구간을 변경하고 싶다면 오디오 트랙을 더블 클릭한 후 좌우로 드래그하여 구간을 변경하고 다시 더블 클릭해서 완료합니다.

더블 클릭 후 드래그

> **TIP** 오디오 트랙을 선택한 후 요소 편집 메뉴에서 [조정] 버튼을 클릭하면 오디오 트랙을 더블 클릭한 것과 같이 전체 오디오가 활성화됩니다.

04 오디오 트랙에서 재생될 구간을 변경했다면 이어서 재생될 오디오 트랙의 길이도 조정해 봅니다. 요소가 나타나는 타이밍을 조절한 것과 동일한 방법으로 오디오 트랙의 좌우 가장자리를 드래그하여 길이를 조절하면 됩니다. 여기서는 오른쪽 가장자리를 왼쪽으로 드래그했습니다.

드래그

오디오의 볼륨 조정하기

영상에 포함된 오디오나 별도로 추가한 오디오 트랙의 볼륨을 조절할 수도 있습니다. 오디오 트랙이나 오디오가 포함된 영상 트랙을 선택한 후 요소 편집 메뉴에서 스피커 모양의 **[볼륨]** 아이콘을 클릭한 후 볼륨을 조절하면 됩니다.

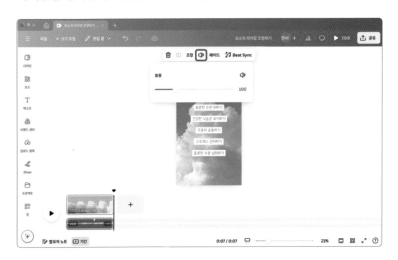

현재 디자인에 여러 개의 오디오가 포함되어 있다면 **[볼륨]** 아이콘을 클릭했을 때 아래와 같이 **[모든 오디오 트랙에 적용]** 옵션이 추가로 표시됩니다. 이 옵션을 활성화하면 현재 선택 중인 트랙 이외의 모든 오디오에서 동일하게 볼륨이 조정됩니다. 또한, **[음소거]** 아이콘을 클릭하거나 볼륨 조절 바를 0으로 설정하여 볼륨을 없앨 수도 있습니다.

▲ [모든 오디오 트랙에 적용] 옵션 활성화 상태

점점 커지고, 작아지는 효과 추가하기

영상이 시작될 때부터 끝날 때까지 사용한 오디오가 모두 동일한 볼륨으로 재생되는 것보다 영상이 시작할 때 점점 커지고, 끝날 때 점점 작아진다면 더욱 자연스러운 영상이 될 것입니다. 영상 편집에서 이런 효과를 페이드인, 페이드아웃이라고 표현합니다.

❶ 페이지 목록에서 오디오 트랙을 선택한 후 ❷ 상단 패널에서 [페이드] 버튼을 클릭하면 오디오 효과 패널이 열립니다. ❸ 패널에서 [페이드인], [페이드아웃] 옵션을 변경할 수 있습니다.

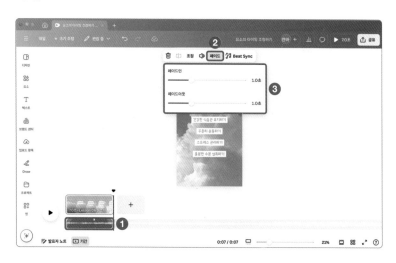

[페이드인] 옵션은 오디오가 시작될 때 볼륨이 점점 커지는 정도를 설정하며, [페이드아웃] 옵션은 반대로 오디오가 종료될 때 볼륨이 점점 작아지는 정도를 설정합니다. 각 옵션의 기본값은 0이며, 값이 클수록 볼륨이 오랫동안 조금씩 변경되며, 작을수록 급격하게 변경됩니다.

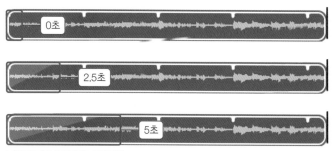

▲ [페이드인] 옵션값에 따른 변화

NOTE 음악에 맞춰서 자동으로 영상 편집하기 **Pro**

보통은 영상에 맞춰 오디오를 편집하지만 반대로 오디오에 맞춰 영상을 편집하는 방법도 있습니다. 캔바에는 음악의 비트를 인식하고, 이에 맞춰 자동으로 영상을 편집해 주는 인공지능 기능인 Beat Sync가 있습니다.

페이지 목록에서 오디오 트랙을 선택한 후 요소 편집 메뉴에 있는 [Beat Sync] 버튼을 클릭합니다. 그런 다음 Beat Sync 패널이 열리면 [지금 동기화] 옵션을 활성화하면 됩니다. 캔바의 인공지능이 자동으로 음악의 비트에 맞춰 영상을 편집해 줍니다.

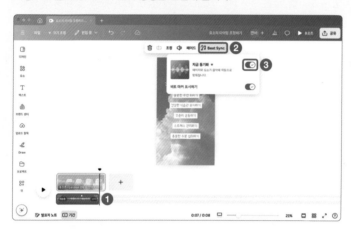

캔바로
콘텐츠 디자인하기

LESSON 01 브랜드 메뉴로 디자인 일관성 유지하기 Pro

브랜드나 상품을 홍보하는 목적으로 콘텐츠를 디자인할 때는 제품이나 브랜드 자체를 알리면서 디자인 간의 '일관성'도 유지해야 합니다. 누군가 콘텐츠를 봤을 때 한 눈에 '그 브랜드구나!'하고 인지할 수 있도록 말이죠. 이러한 브랜드 디자인의 일관성을 유지하는 데 캔바의 [브랜드] 메뉴는 큰 도움이 됩니다.

브랜드 키트 시작하기

브랜드 키트는 브랜드 디자인의 통일성을 유지할 수 있도록 대표 글꼴, 색상, 로고 등을 미리 등록해 두는 기능입니다. 이렇게 브랜드 키트에 등록한 요소들은 이후 디자인을 진행하면서 바로 적용할 수 있어 편리합니다.

브랜드 키트는 캔바 Pro에서만 사용할 수 있는 기능으로, 캔바의 홈 화면에서 왼쪽 도구 바에 있는 [브랜드 센터]를 클릭하면 다음과 같이 브랜드 키트 화면을 확인할 수 있습니다. 여기서 브랜드 관련된 요소들을 설정하면 됩니다.

▲ 브랜드 키트 시작 화면

처음 브랜드 키트를 시작하면 브랜드 키트에 대한 간단한 설명과 기본 브랜드 키트가 표시됩니다. 기본으로 하나의 [브랜드 키트]가 생성되어 있으며, [브랜드 키트]를 클릭하여 콘텐츠 디자인 중에 사용할 다양한 디자인 요소들을 등록할 수 있습니다. 만약 새로운 브랜드 키트를 추가하고 싶다면 브랜드 키트 시작 화면에서 오른쪽 위에 있는 [새 항목 추가] 버튼을 클릭하면 됩니다.

▲ 하나의 계정에 등록한 여러 개의 브랜드 키트

브랜드 키트에 등록할 요소

기본으로 등록된 [브랜드 키트]를 클릭하거나 새로운 브랜드 키트를 만들면 상세 화면이 열립니다. 브랜드 키트를 등록해 놓으면 이후 에디터 화면의 도구 바에서 [텍스트]나 [브랜드] 패널을 열어 사용할 수 있으며, 요소 편집 메뉴에서 글꼴이나 색상 관련 패널을 열면 가장 위쪽에 브랜드 키트에서 설정한 항목이 표시되어 빠르게 적용할 수 있습니다. 여기서는 브랜드 키트에 등록할 수 있는 세부 요소에 대해 간단하게 살펴보겠습니다.

① **이름:** 브랜드 키트의 이름을 입력합니다.

② **로고:** 브랜드의 로고 파일을 등록합니다. 이때 로고 파일은 배경이 투명한 PNG 형식이어야 디자인에 자연스럽게 삽입할 수 있습니다.

③ **색상:** 브랜드에서 자주 사용하는 색상 팔레트를 등록합니다. '색상' 영역 오른쪽에 있는 [새 항목 추가] 버튼을 클릭하여 색상 팔레트를 여러 개 등록할 수도 있습니다.

NOTE 색상 팔레트를 좀 더 쉽게 구성하고 싶다면?

자연스러운 색상 팔레트를 구성하는 것은 누구에게나 어려운 일입니다. 이럴 때에는 전문 사이트의 도움을 받는 것이 좋습니다. 아래는 색상 팔레트를 만들 때 큰 도움이 되는 웹사이트들입니다. 한 번씩 방문하여 참고하면서 내 브랜드에 적합한 색상 팔레트를 만들어 보세요!

▲ Adobe Color(https://color.adobe.com/ko)

▲ Color Space(https://mycolor.space)

▲ Canva Colors(https://www.canva.com/colors)

④ **글꼴**: '제목', '부제목'과 같이 디자인 중에 자주 사용할 스타일별 글꼴이나 크기 등을 지정하여 등록할 수 있습니다.

⑤ **브랜드 보이스:** 브랜드의 어조를 설정해 두면 이후 디자인에서 어조에 어울리는 문구를 인공지능으로 생성할 수 있습니다.

⑥ **사진, 그래픽, 아이콘:** 자주 사용하는 사진, 그래픽, 아이콘 파일을 등록합니다.

NOTE 브랜드 관리를 위한 권한 관리하기

캔바를 팀원들과 함께 사용 중이라면 팀원들이 등록된 브랜드 키트를 사용하거나 디자인을 게시하기 전 승인 과정을 거치도록 설정할 수 있습니다. 캔바의 홈 화면에서 [브랜드]를 클릭한 후 브랜드 키트 화면이 열리면 왼쪽 메뉴에서 [브랜드 관리]를 선택합니다. 다음과 같이 색상, 글꼴, 디자인 게시 승인 여부를 설정할 수 있습니다.

브랜드 템플릿 설정하기

유사한 스타일로 자주 사용할 디자인을 완성했다면 브랜드 템플릿으로 등록하여 필요할 때마다 빠르게 사용할 수 있습니다. 브랜드 템플릿으로 등록하는 방법을 실습해 보겠습니다.

01 브랜드 키트와 마찬가지로 ❶ 홈 화면에서 [브랜드] 메뉴를 선택한 후 [브랜드 템플릿]을 선택합니다. ❷ 브랜드 템플릿 화면이 열리면 [브랜드 템플릿 만들기] 버튼 또는 [새 항목 추가] 버튼을 클릭합니다.

02 팝업 창이 열리면 원하는 디자인 형식을 선택합니다. 여기서는 [인스타그램 게시물(정사각형)]을 선택했습니다.

03 ❶ 브랜드 템플릿으로 사용할 디자인을 완성한 후 ❷ [브랜드 템플릿으로 게시] 버튼을 클릭합니다. ❸ 페이지 오른쪽에 패널이 열리면 [폴더에 추가하기] 옵션에서 저장할 폴더를 선택한 후 ❹ [추가] 버튼을 클릭하고 ❺ 마지막으로 [게시하기] 버튼을 클릭합니다.

04 ❶ 브랜드 템플릿 게시 안내와 함께 공유할 수 있는 링크가 표시됩니다. 패널 아래쪽에 표시된 ❷ [폴더로 이동] 버튼을 클릭하면 템플릿이 저장된 폴더로 이동할 수 있습니다.

TIP 저장한 브랜드 템플릿은 위에서 선택한 폴더 또는 [브랜드 센터] 메뉴의 [브랜드 템플릿]에서 확인할 수 있으며, 저장한 브랜드 템플릿을 클릭한 후 [이 템플릿 사용하기] 버튼을 클릭하여 바로 사용하거나 [원본 수정] 버튼을 클릭하여 저장한 템플릿을 수정할 수 있습니다.

LESSON 02

템플릿을 활용한 인스타그램 디자인

캔바 사용 방법을 어느 정도 익혔지만 빈 페이지를 열고 디자인을 시작하려니 막막하게만 느껴지나요? 걱정할 필요 없습니다. 간단히 수정해서 쓸 수 있는 수많은 디자인 템플릿들이 준비되어 있으니까요. 캔바의 다양한 템플릿을 활용하여 인스타그램 프로필과 피드 게시물을 완성해 보겠습니다.

인스타그램 프로필 디자인

인스타그램 프로필 이미지는 자신의 계정을 대표하는 이미지입니다. 그러므로 인스타그램의 프로필 이미지는 브랜딩에 제법 중요한 역할을 합니다. 캔바의 템플릿을 이용해서 간단하게 인스타그램 프로필 이미지를 만들어 보겠습니다.

01 인스타그램 프로필 이미지의 크기에 맞는 새로운 디자인을 시작하기 위해 캔바 홈 화면에서 [디자인 만들기] 버튼을 클릭한 후 '인스타그램 프로필 사진'으로 검색하여 [인스타그램 프로필 사진]을 선택합니다.

02 ❶ 에디터 화면이 열리고 320×320px 크기의 빈 디자인 페이지가 열립니다. 페이지 왼쪽에는 [디자인] 도구 패널의 [템플릿] 탭이 열려 있으며, 인스타그램 프로필에 어울리는 템플릿 목록이 표시됩니다. ❷ 여기에서 원하는 디자인을 선택합니다.

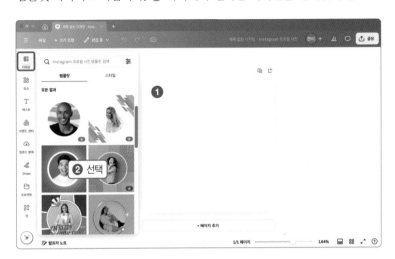

03 목록에서 ❶ 원하는 디자인을 찾아 선택하면 곧바로 페이지에 적용됩니다. ❷ 템플릿 목록을 보면 선택한 템플릿 설명과 함께 현재 적용한 템플릿과 비슷한 스타일의 템플릿 목록이 표시됩니다. ❸ 템플릿을 변경하지 않을 것이므로 [뒤로 가기]를 클릭합니다.

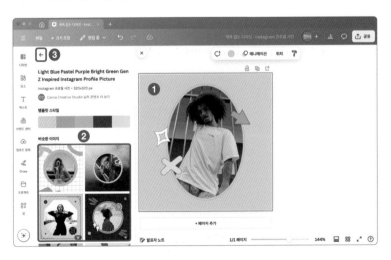

04 템플릿에서 사진을 변경하기 위해 ❶ 도구 바에서 [업로드 항목]을 클릭한 후 ❷ 패널에서 [파일 업로드] 버튼을 클릭하여 자신의 프로필 사진을 찾아 업로드합니다. ❸ 업로드한 사진이 이미지 목록에 표시되면 클릭하여 ❹ 페이지에 삽입합니다.

05 페이지에 삽입한 프로필 사진을 클릭한 채 템플릿의 기본 사진쪽으로 드래그하다 보면 다음과 같이 프로필 사진이 자연스럽게 배치됩니다.

NOTE 템플릿에 있는 사진 및 프레임을 지우고 싶을 때

실습에서 템플릿에 적용된 사진은 프레임을 이용해 배치한 것입니다. 그러므로 템플릿에서 사진을 지우고 싶다면 우선 사진이 배치된 프레임을 클릭해서 선택한 후 Delete 를 누릅니다. Delete 를 한 번 누르면 프레임에 있는 사진만 지워지고, 한 번 더 누르면 프레임까지 지워집니다. **Link** 프레임 활용 방법은 097쪽 에서 자세히 설명합니다.

▲ Delete 를 한 번 눌렀을 때   ▲ Delete 를 두 번 눌렀을 때

프레임에 있는 이미지를 교체하고 싶다고 기존 이미지를 꼭 삭제하지 않아도 됩니다. 실습처럼 새로운 이미지를 삽입한 후 프레임으로 드래그하면 자동으로 바뀐다는 걸 기억하세요.

06 이번에는 템플릿의 색상을 변경하기 위해 ❶ 도구 바에서 [디자인]을 클릭하여 디자인 패널을 열고, ❷ [스타일] 탭을 클릭한 후 ❸ '색상 팔레트' 영역에서 원하는 색상 조합을 선택하여 적용합니다. 이처럼 색상 조합이 고민될 때는 캔바에서 제공하는 색상 조합을 이용하여 자연스러운 결과를 얻을 수 있습니다.

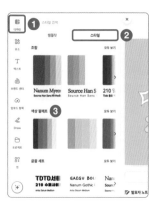

07 프로필 디자인을 완성했다면 ❶ [공유] 버튼을 클릭한 후 ❷ [다운로드]를 선택하여 원하는 파일 형식으로 저장한 후 인스타그램에 프로필 사진으로 등록하면 됩니다.

NOTE 템플릿 색을 변경하는 또 다른 방법

요소별 색상 변경: 페이지에서 각 요소를 선택한 후 요소 편집 메뉴에 있는 [색상] 아이콘을 클릭하면 요소별로 색을 지정하여 변경할 수 있습니다. 이 방법은 요소별 자유롭게 색을 변경할 수 있다는 장점이 있으나 적절하지 않은 색상 조합으로 디자인이 어색해질 우려가 있습니다.

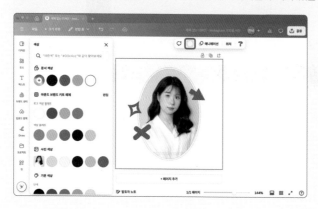

팔레트 이용: [디자인] 도구 패널의 [스타일] 탭에서 '색상 팔레트' 영역에 있는 항목을 하나 클릭해서 적용한 후 해당 항목을 계속 클릭하면 적용된 색상 테마의 스타일이 계속해서 바뀝니다. 원하는 색상 조합이 나올 때까지 클릭하면서 선택할 수 있습니다.

TIP 브랜드 키트를 설정했다면 [디자인] 도구 패널의 [스타일] 탭에서 '브랜드 버튼' 영역을 확인할 수 있고, 여기서 등록해 둔 색상 팔레트를 바로 적용할 수 있습니다. 브랜드 이미지의 일관성을 위해서는 브랜드 키트에 등록한 색상 팔레트를 적용하는 것이 좋습니다.

인스타그램 게시물 디자인

앞서 프로필 디자인은 템플릿에서 사진 이미지와 배경색 정도만 변경해서 간단하게 완성했습니다. 이번에는 색상 및 텍스트를 변경하여 인스타그램 게시물을 완성해 보겠습니다.

01 캔바 홈 화면에서 [**디자인 만들기**] 버튼을 클릭한 후 [**인스타그램 게시물(정사각형)**]을 선택하여 새로운 디자인을 시작합니다.

02 ❶ 에디터 화면이 열리고 1080×1080px 크기의 빈 디자인 페이지가 열립니다. ❷ 페이지 왼쪽에는 [디자인] 도구 패널이 열리고 [템플릿] 탭에 인스타그램 게시물 템플릿 목록이 나타납니다. 여기에서 원하는 디자인을 찾아 선택합니다.

03 여기서 선택한 템플릿은 뷰티샵 오픈 기념 할인 이벤트 디자인으로, 패널에서 선택한 템플릿에 대한 설명이나 비슷한 템플릿 목록을 확인합니다. 이제 선택한 템플릿을 카페 매장 오픈 기념 할인 이벤트 디자인으로 수정해 보겠습니다.

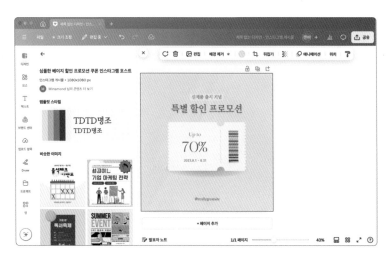

NOTE **원하는 템플릿 찾는 팁**

캔바에는 워낙 다양한 템플릿이 있으므로, 목록에서 스크롤을 내리면서 원하는 디자인을 찾기란 쉽지 않습니다. 그러므로 검색창 활용을 추천합니다. 이때 원하는 템플릿의 '주제' 또는 '스타일'을 대표하는 키워드를 이용하는 것이 좋습니다. 예를 들어 '심플한 느낌의 할인 프로모션을 알리는 피드 템플릿'을 찾고 싶다면 '심플한', '할인', '프로모션'과 같은 키워드나 '심플한 할인 프로모션'을 한 번에 입력해서 검색해도 좋습니다.

또한, 검색 결과에서 템플릿을 고를 때는 색상과 글꼴은 쉽게 변경할 수 있다는 걸 염두에 두고 전체적인 레이아웃을 중심으로 살펴보는 것이 좋습니다.

▲ '심플한' 검색 결과

▲ '할인' 검색 결과

▲ '프로모션' 검색 결과

04 먼저 템플릿의 요소 색상을 적절하게 변경해 보겠습니다. ❶ 페이지에서 원하는 요소를 선택한 후 ❷ 요소 편집 메뉴에서 [색상] 아이콘을 클릭합니다 ❸ 색상 패널이 열리면 원하는 색상을 선택해서 적용합니다. 계속해서 각 요소의 색상을 자유롭게 변경해 봅니다.

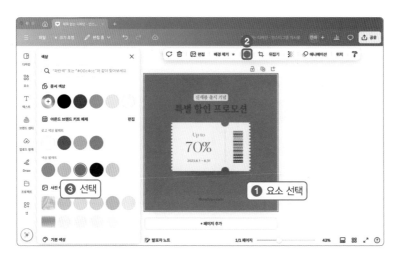

TIP 브랜드 키트에 색상 팔레트를 등록해 두었다면 도구 바에서 [브랜드]를 클릭한 후 브랜드 패널에서 색상 팔레트를 선택하여 일괄 적용할 수 있습니다. 또한, 요소 편집 메뉴에서 텍스트 색상을 변경할 때는 패널에서 원하는 색상을 선택한 후 [모두 변경] 버튼을 클릭하여 모든 텍스트 색상을 일괄 변경할 수 있습니다.

모두 변경

05 요소의 색상을 적절하게 변경했다면 이제 각 텍스트 상자를 더블 클릭하여 내용을 변경하고, 글꼴이나 크기 등도 변경합니다. 텍스트 길이가 템플릿의 기본 내용보다 길다면 텍스트 상자의 홀더를 드래그하여 길이를 조절합니다.

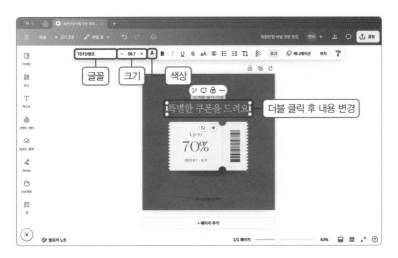

06 나머지 텍스트도 적절하게 변경하고, 최종으로 각 요소의 위치 등을 점검하여 완성합니다. **Link** 요소를 정렬하는 방법은 **101쪽** 에서 자세히 설명합니다.

`NOTE` **이번 버전으로 복원하기** `Pro`

디자인을 하다 보면 이전에 작업했던 게 더 낫다는 생각이 들 때가 있습니다. 이럴 때는 [Magic Swith] 버튼 오른쪽에 있는 [실행 취소] 아이콘을 클릭하거나 단축키 `Ctrl`+`Z`를 눌러 간단하게 해결할 수도 있습니다. 하지만, 이미 오래 전에 작업한 디자인이라면 실행 취소로 되돌릴 수 없습니다. 이때, 캔바의 버전 복원 기능을 이용하면 과거의 작업 시점으로 되돌아갈 수 있습니다.

방법은 간단합니다. ❶ [파일] 버튼을 클릭한 후 ❷ [버전 기록]을 선택하면 됩니다. 메뉴명 오른쪽에 캔바 Pro에서만 사용할 수 있다는 의미로 왕관 모양 아이콘이 표시되어 있습니다. 다음과 같이 버전 기록 창이 열리면 ❸ 이전의 작업 시점을 선택해서 결과물을 확인하고, 복원을 진행하려면 ❹ [이 버전 복원] 버튼을 클릭합니다.

▲ 캔바 Pro에서만 사용할 수 있는 [버전 기록] 메뉴와 버전 기록 창

`TIP` 버전 기록 창에는 해당 디자인을 생성한 후의 모든 기록이 쌓이고, 특정 버전으로 복원한 후에도 초기화되지 않습니다. 따라서, 버전을 한 번 복원한 후 다시 다른 버전으로 복원하는 것도 가능합니다. 또한, [이 버전 복원] 버튼에 있는 펼침 아이콘을 클릭한 후 [사본 만들기]를 선택하면 버전을 복원하는 것이 아니라 이전 버전의 디자인을 별도의 디자인 작업으로 생성할 수 있습니다.

인스타그램으로 바로 업로드하기

캔바와 인스타그램 계정을 연동해 놓으면 완성한 디자인을 다운로드하지 않고 바로 인스타그램에 업로드할 수 있습니다. 인스타그램에 업로드할 콘텐츠를 완성한 후 **[공유]** 버튼을 클릭한 후 **[Instagram]**을 선택하면 다음과 같은 팝업 창이 열리며, 여기서 원하는 게시 방법을 선택한 후 **[계속]** 버튼을 클릭합니다.

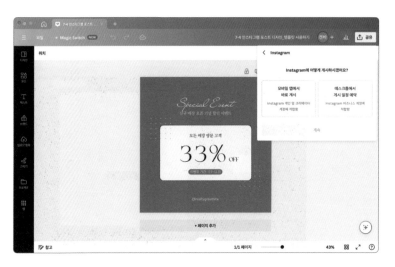

> **TIP** [공유] 버튼을 클릭했을 때 [Instagram]이 바로 보이지 않는다면 [소셜 미디어에 공유]를 선택한 후 이어서 [Instagram]을 선택하면 됩니다.

모바일 앱에서 바로 게시 팝업 창에서 **[모바일 앱에서 바로 게시]** 옵션을 선택하고 **[계속]** 버튼을 클릭하면 다음과 같은 QR 코드가 나옵니다. 스마트폰으로 이 QR 코드를 스캔하면 캔바 모바일 앱을 거쳐 인스타그램에 바로 게시할 수 있도록 연결됩니다. 캔바 모바일 앱이 설치되어 있지 않다면 QR 코드를 스캔했을 때 캔바 설치 화면으로 이동합니다.

▲ 모바일 앱으로 연결되는 QR 코드　　　　　　　　　　　　　　▲ 캔바 모바일 앱

데스크톱에서 게시 일정 예약 [데스크톱에서 게시 일정 예약] 옵션은 데스크톱에서 바로 업로드할 수 있습니다. 단, 이 옵션은 다음과 같이 선행되어야 할 조건이 있습니다. 기본적으로 인스타그램 계정과 캔바 계정을 연동해야 하는데, 이때 인스타그램 계정은 개인 계정이 아닌 비즈니스 계정이어야 합니다. 또한, 사용 중인 인스타그램 계정이 페이스북 페이지와도 연결되어 있어야 합니다.

▲ [데스크톱에서 게시 일정 예약] 옵션을 사용하기 위한 기본 조건

모든 조건이 충족되었다면 연결한 인스타그램 계정을 선택하고, 피드 내용(캡션)을 입력한 후 [지금 게시] 버튼을 클릭하여 바로 인스타그램에 업로드합니다. 만약 지정한 날짜에 업로 드하려면 [지금 게시] 버튼 왼쪽에 있는 달력 모양 아이콘을 클릭하여 원하는 업로드 일정을 예약할 수 있습니다. 단, 예약 기능은 캔바 Pro에서만 사용할 수 있습니다.

디자인 한 걸음 더　　　수정한 템플릿이 어색해 보여요!

분명히 캔바에서 열심히 검색해서 내 마음에 쏙 드는 템플릿을 선택했는데, 이것저것 수정했더니 처음 찾았을 때의 느낌이 아닌, 어색하고 어딘지 아쉬운 디자인처럼 보일 때가 있습니다. 분명히 완성도 높은 디자인의 템플릿이었는데 왜 내가 건들면 이상해 지는 걸까요?

아마도 기존 템플릿의 '레이아웃'과 '스타일'이 틀어졌기 때문일 것입니다. 템플릿은 보통 있는 그대로 쓰지 않고 텍스트나 이미지, 색상을 사용자의 입맛대로 바꿔서 쓰는 경우가 많지요. 이 과정에서 템플릿이 원 제작자의 의도와 다르게 변형될 수 있는데요. 텍스트 상자가 넘쳐 흘러 레이아웃이 틀어지거나, 추가한 이미지의 색감이나 변경한 요소의 색상이 전체적인 템플릿의 색상 조합과 어울리지 않아 어색해 보이는 것 등이 대표적인 경우입니다.

그러므로 템플릿을 수정할 때는 최대한 원본과 비슷하게 유지될 수 있도록 하는 게 중요합니다. 필요하다면 원본 요소의 크기나 위치를 바꿔도 좋습니다. 다만, 원본에서 큰 변화가 예상된다면 언제든 원본과 비교할 수 있도록 템플릿을 복제한 다음 복사본을 만들어 비교하면서 수정하는 방식으로 작업해 보는 것을 추천합니다.

▲ 원본 템플릿

▲ 입력한 텍스트가 넘친 경우

▲ 텍스트의 크기를 줄여서 레이아웃을 유지

▲ 원본 템플릿

▲ 템플릿과 어울리지 않는 사진으로 교체한 경우

▲ 템플릿과 어울리는 색감의 사진 사용

LESSON 03

텍스트를 활용한
인스타그램 게시물

인스타그램은 시각적인 플랫폼이므로 브랜드 소개나 관련 소식 등 정보를 전달하는 콘텐츠를 제작한 다면 시선을 사로잡고 기억에 남도록 디자인해야 합니다. 이때 가장 중요한 것이 텍스트의 활용일 겁니다. 텍스트와 간단한 배경 설정만으로 심플한 텍스트 콘텐츠를 디자인해 보겠습니다.

01 캔바 홈 화면에서 [디자인 만들기] 버튼을 클릭한 후 [인스타그램 게시물(정사각형)]을 선택하여 1080×1080px 크기의 새로운 디자인을 시작합니다.

02 빈 페이지가 열리면 ❶ 도구 바에서 [**텍스트**]를 클릭한 후 ❷ 텍스트 패널에서 [**텍스트 상자 추가**] 버튼을 클릭합니다. ❸ 페이지에 기본 텍스트 상자가 추가됩니다.

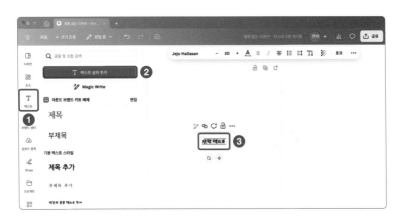

> **TIP** 단축키 T를 눌러서 빠르게 텍스트 상자를 추가할 수 있습니다. 또한, 텍스트 패널에서 [제목 추가]와 같이 서식이 적용된 텍스트 상자를 추가할 수도 있습니다.

03 ❶ 텍스트 상자의 내용을 변경합니다. ❷ 요소 편집 메뉴에서 [**글꼴**] 옵션을 클릭하여 글꼴 패널을 열고, ❸ 원하는 글꼴을 선택합니다. ❹ 계속해서 요소 편집 메뉴에서 [**글꼴 크기**] 옵션을 이용하여 크기를 변경합니다. 여기서는 [**TDTD 명조**], [**60**]으로 설정했습니다.

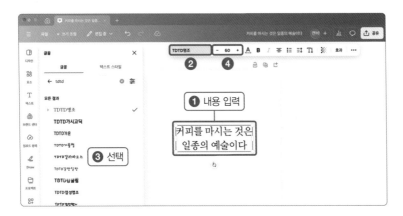

> **TIP** 브랜드 키트를 설정했다면 [글꼴] 탭의 가장 위쪽에 설정한 브랜드 글꼴이 나타납니다. 또한 텍스트 패널의 [텍스트 스타일] 탭을 클릭하면 제목, 부제목 등의 스타일을 빠르게 적용할 수 있습니다.

04 지금까지 설정한 스타일(글꼴, 크기 등)과 동일한 텍스트 상자를 추가하기 위해 텍스트 상자를 선택하고 팝업 메뉴에서 **[복제]** 아이콘을 클릭하여 복사본을 만듭니다.

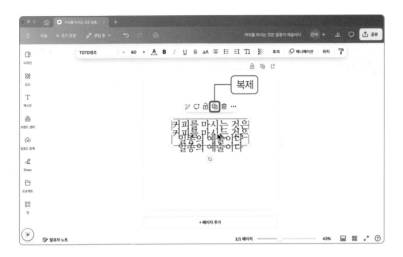

05 텍스트 상자가 복제되면 더블 클릭하여 내용을 변경하고, 요소 편집 메뉴에서 크기를 적절하게 변경한 후 텍스트 상자를 드래그하여 다음과 같이 배치합니다. 여기서는 글꼴 크기를 **[33]**으로 변경했습니다.

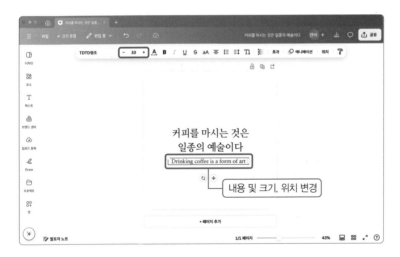

06 텍스트 작업이 끝났다면 ❶ 범위를 드래그하여 2개의 텍스트 상자를 선택하고 ❷ 요소 편집 메뉴에서 [위치] 버튼을 클릭합니다. ❸ 위치 패널의 [정렬] 탭이 열리면 '요소 정렬' 영역에서 수직 방향 [가운데] 아이콘을 클릭하여 2개의 텍스트 상자를 가운데 정렬합니다.

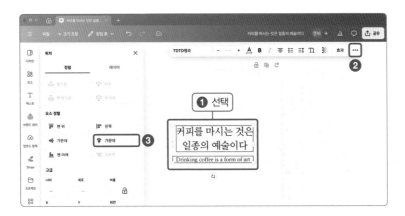

07 다음과 같이 2개의 텍스트 상자가 가운데 정렬되었으면 ❶ 단축키 [Ctrl]+[G]를 눌러 하나의 그룹으로 묶고, ❷ ❸ 다시 위치 패널의 [정렬] 탭에서 수직 방향과 수평 방향 모두 [가운데] 버튼을 클릭하여 페이지를 기준으로 정중앙에 정렬합니다.

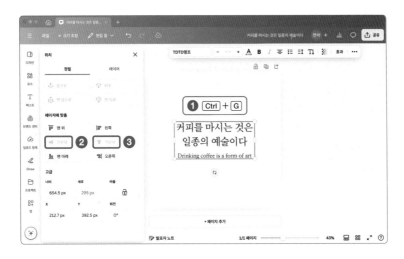

> **TIP** 여러 요소가 선택 중인 상태에서 정렬 기능을 사용하면 요소 간 정렬되며, 하나의 요소가 선택된 상태에서 정렬 기능을 사용하면 페이지를 기준으로 정렬됩니다. 그러므로 2개의 텍스트 상자가 하나의 요소로 인식되도록 그룹으로 묶은 후 다시 정렬했습니다.

08 마지막으로 배경과 텍스트 요소를 선택한 후 적절한 색으로 변경합니다. **①** 우선 페이지의 배경을 클릭한 후 **②** 요소 편집 메뉴에 있는 색상 아이콘을 클릭하고 **③** 색상 패널에서 원하는 배경색을 선택하여 적용합니다. **④** 같은 방법으로 텍스트의 색상도 변경합니다.

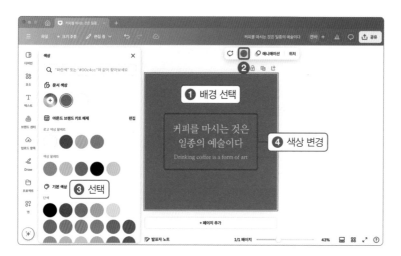

NOTE **디자인에 텍스트를 사용할 때 유의사항**

디자인 콘텐츠에 사용하는 텍스트는 주로 어떠한 정보를 전달하기 위한 목적으로 사용합니다. 그러므로 텍스트가 잘 읽히는지도 중요하게 생각해야 합니다. 텍스트가 너무 작거나, 배경과 텍스트의 색의 대비가 뚜렷하지 않을 때 가독성이 떨어지므로 유의해 주세요.

▲ 텍스트의 너무 작아서 가독성이 떨어지는 경우

▲ 텍스트와 배경 색의 대비가 뚜렷하지 않아서 가독성이 떨어지는 경우

디자인 한 걸음 더   배경 꾸미기

단순히 배경에 텍스트만 추가한 디자인이 어딘가 허전해 보인다면 배경에 효과를 추가하여 조금 색다른 느낌으로 디자인을 변형할 수 있습니다.

배경에 그라데이션 넣기

01 ❶ 배경을 선택한 후 ❷ 요소 편집 메뉴에서 **[배경 색상]** 아이콘을 클릭합니다. ❸ 색상 패널이 열리면 현재 적용된 색상 아이콘을 클릭한 후 ❹ 팝업 창에서 **[그라데이션]** 탭을 클릭합니다.

> **TIP** 색상 패널에서 [새로운 색상 추가] 아이콘을 클릭한 후 [그라데이션] 탭을 클릭해도 됩니다.

02 [그라데이션] 탭의 ❶ '그라데이션 색상' 영역에서 현재 설정된 각 색상 아이콘을 클릭하여 색상을 변경하거나 [+] 아이콘을 클릭하여 또 다른 색을 추가하고, ❷ '스타일' 영역에서 그라데이션 스타일을 선택합니다.

TIP '그라데이션 색상' 영역에 있는 색상 아이콘을 드래그해서 순서를 변경하면 그라데이션의 방향이 바뀝니다.

배경에 재질감 추가하기

01 ❶ 왼쪽 도구 바에서 [요소]를 클릭하여 요소 패널을 열고 ❷ 검색창에서 '텍스처'를 검색합니다. ❸ 패널에서 [사진] 탭을 클릭하여 텍스처 관련 사진 목록만 표시한 후 ❹ 원하는 텍스처를 선택합니다.

02 선택한 텍스처 사진이 페이지에 추가되면 ❶ 사진에서 마우스 오른쪽 버튼을 클릭한 후 ❷ **[배경 교체]**를 선택합니다.

03 텍스처 사진이 배경으로 가득 채워질 것입니다. ❶ 배경을 선택한 후 ❷ 요소 편집 메뉴에서 **[투명도]** 아이콘을 클릭하여 ❸ 적절한 값으로 투명도를 낮춥니다. 다음과 같이 기존에 적용된 배경색에 텍스처가 자연스럽게 합성됩니다.

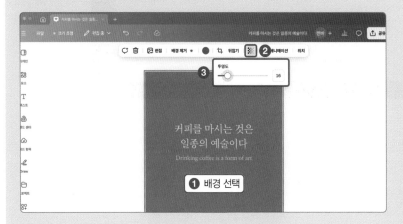

TIP 투명도를 조절하여 배경색과 텍스처를 합성하면 처음 선택한 배경색보다 다소 흐리게 표현될 수 있습니다. 그러므로 텍스처와 합성을 고려한다면 배경 색상을 조금 더 진한 색으로 선택하면 됩니다.

사진 프레임을 활용한
인스타그램 게시물

캔바의 프레임 요소를 활용하면 사진 이미지를 기본 형태인 정사각형이 아닌 원하는 형태로 배치할 수 있습니다. 또한, 프레임 요소를 활용하면 이후 사진과 텍스트만 교체하는 방식으로 통일성 있는 디자인 콘텐츠를 만들 수 있습니다.

01 캔바 홈 화면에서 [디자인 만들기] 버튼을 클릭한 후 [인스타그램 게시물(정사각형)]을 선택하여 1080×1080px 크기의 새로운 디자인을 시작합니다.

02 ❶ 도구 바에서 [요소]를 클릭하여 요소 패널을 열고, ❷ 여러 요소 중 '프레임' 영역에서 [모두 보기] 링크를 클릭하여 전체 프레임 목록에서 마음에 드는 모양을 선택합니다. ❸ 페이지에 선택한 모양의 프레임이 추가합니다.

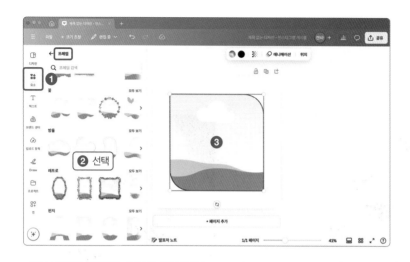

TIP 프레임은 다른 요소와 달리 검색으로 찾기가 어렵습니다. 그러므로 마음에 드는 프레임을 발견하면 바로 별표 표시를 하거나 폴더에 추가해 두는 것이 좋습니다. **Link** 별표 표시 및 폴더 추가 기능은 032쪽, 069쪽에서 자세히 설명합니다.

03 ❶ 추가된 프레임의 홀더를 드래그하여 적당한 크기로 변경합니다. ❷ 요소 편집 메뉴에서 [위치] 버튼을 클릭하여 위치 패널의 [정렬] 탭을 열고 ❸ ❹ 가로와 세로 방향 모두 [가운데] 버튼을 클릭하여 프레임을 정가운데로 정렬합니다.

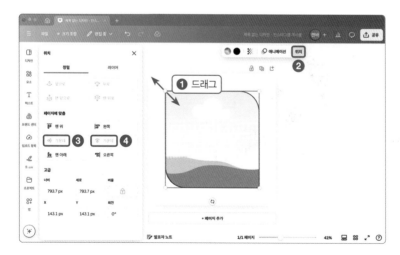

04 프레임 모양으로 배치할 사진 파일을 업로드한 후 선택하거나, 페이지로 직접 드래그하여 추가합니다. 사진을 클릭한 채 프레임 위에서 드래그하면 자연스럽게 프레임 안으로 사진이 배치됩니다. Link 사진을 업로드하는 방법은 040쪽을, 사진의 색감 등을 변경하고 싶다면 077쪽을 참고하세요.

05 계속해서 프레임과 어울리는 배경색을 적용하기 위해 ❶ 배경을 클릭해서 선택한 후 ❷ 요소 편집 메뉴에서 **[배경 색상]** 아이콘을 클릭합니다. ❸ 색상 패널이 열리면 원하는 색을 클릭해서 적용합니다. 여기서는 브랜드 키트에 등록한 색상을 활용했습니다.

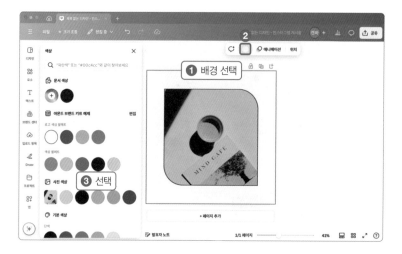

06 배경을 좀 더 꾸미기 위해 ❶ 도구 바에서 [**요소**]를 클릭한 후 ❷ 검색창에서 '추상적인 선'을 검색해 봅니다. ❸ 패널에서 [**그래픽**] 탭을 클릭하여 그래픽 목록만 표시한 후 ❹ ❺ 원하는 그래픽 요소를 선택하여 페이지에 추가하고 원하는 위치에 적절하게 배치합니다.

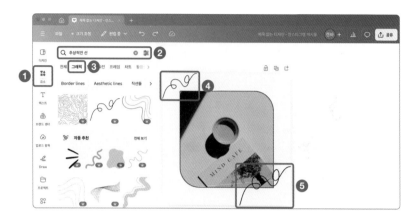

TIP 동일한 키워드로 검색해도 버전에 따라 표시되는 요소의 순서나 종류가 다를 수 있습니다.

07 2개의 선 요소를 배치하고 보니 오른쪽 아래에 배치한 선 요소는 프레임 앞으로 겹쳐 있습니다. 오른쪽 아래의 선 요소를 선택한 후 단축키 [Ctrl]+[Alt]+[l]를 눌러 맨 뒤로 보내기를 실행하면 다음과 같이 프레임 뒤로 배치합니다.

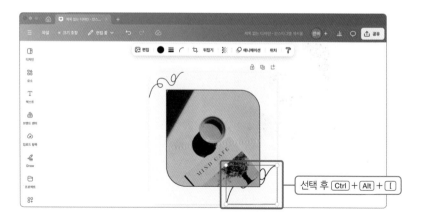

선택 후 [Ctrl]+[Alt]+[l]

TIP 요소 편집 메뉴에서 [위치] 버튼을 클릭한 후 위치 패널의 [레이어] 탭에서 순서를 변경하거나 요소에서 마우스 오른쪽 버튼을 클릭한 후 [레이어]의 하위 메뉴를 이용해도 됩니다.

08 ❶ 도구 바에서 [**텍스트**]를 클릭한 후 ❷ 원하는 스타일의 텍스트 상자를 선택해서 추가합니다. 여기서는 브랜드 키트에 등록한 '제목' 스타일을 선택했습니다. ❸ 추가한 텍스트 상자의 내용을 적당하게 변경한 후 ❹ 요소 편집 메뉴에서 [**효과**] 버튼을 클릭합니다.

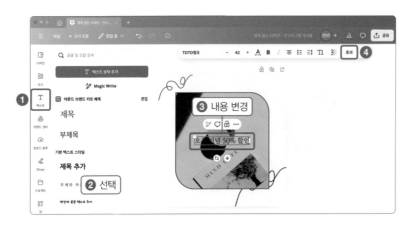

09 효과 패널이 열리면 ❶ [**배경**]을 선택한 후 ❷ [**둥근 정도**], [**확산**], [**투명도**], [**색상**] 옵션을 자유롭게 설정해 봅니다. 예제처럼 사진과 텍스트가 겹쳐 있으면 가독성을 고려해서 텍스트에 배경을 설정하는 등 가독성을 신경 써야 합니다.

TIP 디자인 중에 색상은 제한적으로 사용하는 것이 좋습니다. 또한, 위와 같이 사진과 텍스트 상자가 겹쳐 있을 때 텍스트 상자의 배경색을 적용한다면 전체 디자인의 배경색과 동일하게 설정하여 보다 깔끔한 디자인을 완성할 수 있습니다.

10 마지막으로 텍스트 상자에 있는 홀더를 드래그하거나 요소 편집 메뉴에서 [글꼴 크기] 옵션을 이용하여 적당하게 크기를 조정하고, 텍스트 상자 안쪽을 클릭한 채 드래그하여 원하는 위치에 배치하여 완성합니다.

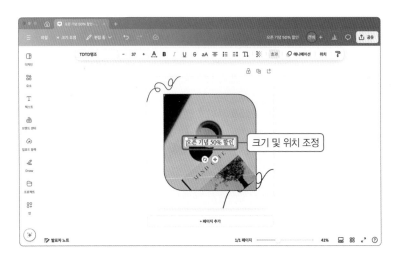

디자인 한 걸음 더   사진과 텍스트 배치

인스타그램 콘텐츠에 사진과 텍스트를 함께 사용한다면 배치 방법에 따라 디자인의 완성도에 큰 차이가 생깁니다. 하지만 디자인이 서툰 사용자에게 요소들을 잘 배치하는 게 결코 쉬운 일은 아니죠? 여기서는 위 실습에서 사용한 배치 이외에 자주 사용되면서도 쉽게 따라할 수 있는 이미지와 텍스트 배치를 몇 가지 소개합니다.

• **사진과 텍스트를 좌우로 배치하기:** 사진(프레임)을 페이지의 왼쪽 또는 오른쪽에 배치하고 나머지 공간에 텍스트를 입력합니다.

- **사진과 텍스트를 상하로 배치하기:** 사진(프레임)을 페이지의 위나 아래에 배치하고 나머지 공간에 텍스트를 입력합니다.

- **사진과 텍스트를 대각선으로 배치하기:** 사진(프레임)을 페이지의 모서리에 배치하고 나머지 공간에 텍스트를 입력합니다.

Canva

LESSON 05
인스타그램 운영을 위한 다양한 디자인

인스타그램을 운영하다 보면 프로필 사진과 인스타그램의 기본 게시물인 피드 디자인 이외에도 팔로 워들과 실시간으로 소통할 수 있는 스토리부터 카테고리를 구분해 주는 하이라이트 커버, 대표적인 숏폼 영상인 릴스 등의 콘텐츠 제작이 필요합니다. 물론 캔바에서 다 할 수 있지요.

게시물을 스토리 디자인으로 변형하기 Pro

인스타그램 스토리를 매번 새로 만든다면 그만큼 많은 시간이 필요할 것입니다. 이럴 때 기 존에 만들어 둔 게시물 디자인을 활용하면 훨씬 편리하게 완성할 수 있습니다. 인스타그램 게시물 디자인을 활용해 스토리 디자인을 완성해 보겠습니다.

01 스토리로 변환할 인스타그램 게시물 디자인을 엽니다. 여기서는 [Lesson 04]에서 완 성한 디자인을 열었습니다. ❶ 에디터 화면에서 [크기 조정] 버튼을 클릭한 후 ❷ [소셜 미디 어]-[인스타그램 스토리]를 선택하고 ❸ [복사 및 크기 조정] 버튼을 클릭합니다.

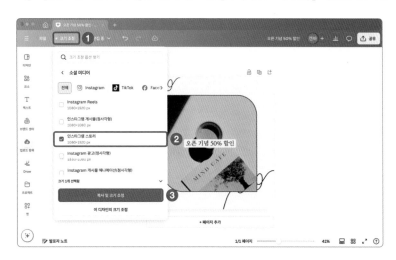

02 잠시 후 [스토리 열기] 버튼을 클릭하여 스토리 규격으로 변환된 디자인 페이지를 확인합니다. 게시물 디자인을 스토리 디자인으로 변경하면 다음과 같이 크기와 함께 페이지 목록에 [재생] 아이콘이 있는 영상용 페이지로 변경된 것을 확인할 수 있습니다.

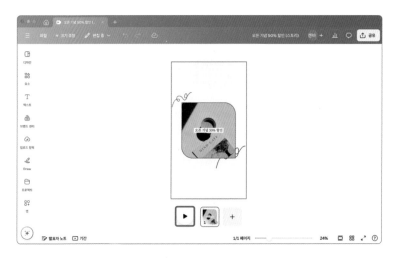

03 이제 스토리에 어울리는 요소를 추가하거나 요소 편집 메뉴에 있는 [애니메이션] 버튼을 클릭하여 간단한 애니메이션 효과를 추가함으로써 눈에 띄는 스토리를 완성할 수 있습니다. Link 애니메이션 적용 방법은 081쪽 에서 자세히 설명합니다.

04 끝으로 ❶ [파일] 메뉴를 클릭한 후 ❷ [다운로드]를 선택하거나, [공유] 버튼을 클릭한 후 [다운로드]를 선택하여 원하는 형식으로 디자인을 다운로드합니다. 이때 애니메이션을 적용했다면 MP4 동영상 형식을, 그렇지 않다면 JPG 또는 PNG 형식으로 다운로드하면 됩니다.

인스타그램 하이라이트 커버 디자인

인스타그램에 업로드한 스토리들을 종류별로 모아 프로필 영역에 표시하는 기능이 하이라이트입니다. 이러한 하이라이트는 종류별로 쉽게 구분할 수 있도록 적절한 커버를 사용하면 좋습니다. 사소한 영역처럼 보일 수 있지만 계정에 방문하는 사람들에게 일관성 있는 브랜드 이미지를 전달하기 위해서는 이 하이라이트 커버도 함께 디자인하는 것이 좋습니다.

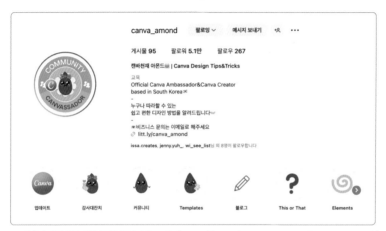

▲ 저자의 계정에서 사용 중인 하이라이트 커버(https://www.instagram.com/canva_amond/)

01 캔바 홈 화면에 있는 ❶ 검색창에서 'Instagram story highlight cover' 또는 '하이라이트 커버' 등으로 검색하면 다음과 같이 다양한 커버 디자인 템플릿이 나타납니다. ❷ 커버 템플릿 목록에서 마음에 드는 것을 클릭해서 선택합니다.

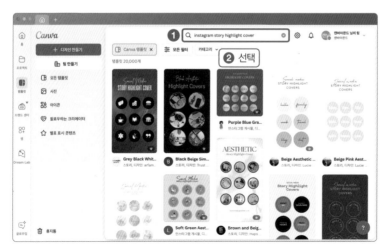

02 하이라이트 커버 템플릿을 선택하면 다음과 같이 해당 템플릿에 대한 설명과 페이지 구성이 표시된 팝업 창이 열립니다. 여기서 [이 템플릿 맞춤 편집하기] 버튼을 클릭합니다.

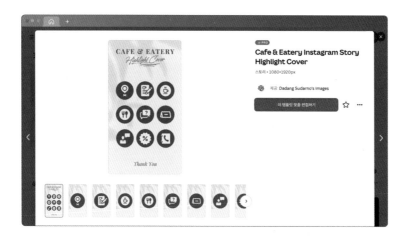

NOTE 주로 사용되는 하이라이트 커버 스타일 3가지

하이라이트 커버는 크기가 작으므로 다양한 요소보다는 하나의 요소로 심플하게 디자인하는 것이 좋습니다. 아래는 대표적인 하이라이트 커버 디자인의 스타일 3가지입니다.

▲ 아이콘/일러스트 요소가 사용된 커버 디자인

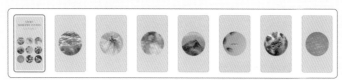

▲ 사진이 사용된 커버 디자인

▲ 텍스트가 사용된 커버 디자인

03 에디터 화면이 열리면 색상 등을 수정합니다. 만약 브랜드 키트를 사용 중이라면 ❶ 도구 바에서 [브랜드 센터]를 클릭하여 패널을 열고, ❷ 색상 팔레트를 선택하여 적용합니다. 텍스트가 있다면 브랜드 글꼴도 적용합니다. ❸ 이어서 [모든 페이지에 적용] 버튼을 클릭하여 모든 페이지에 일괄 적용합니다.

TIP 브랜드 키트를 사용하지 않는다면 페이지에서 요소를 선택한 후 요소 편집 메뉴를 이용하여 색상 등을 수정합니다. 그런 다음 [모두 변경] 버튼을 클릭하면 템플릿의 모든 페이지에 일괄 적용할 수 있습니다.

04 하이라이트 커버 디자인이 완료되었으면 ❶ 메뉴에서 [파일] 버튼을 클릭한 후 ❷ [다운로드]를 선택하여 JPG 또는 PNG 형식의 이미지 파일로 다운로드합니다.

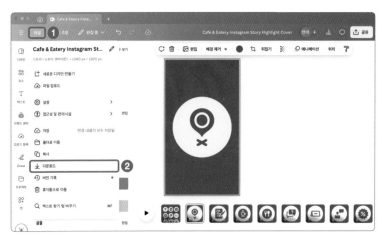

NOTE 같은 스타일의 요소 찾는 방법

하이라이트 커버 템플릿을 사용하는 중에 기본으로 배치된 아이콘 요소를 변경하고 싶을 때가 있습니다. 이럴 때는 모든 페이지에서 같은 스타일의 요소를 사용하여 통일성을 유지하는 것이 중요합니다. 예를 들어, 아래 사례는 첫 번째 페이지의 요소만 라인 아트 스타일로 변경했더니 나머지 페이지와 서로 어울리지 않는 모습입니다.

그러므로 캔바에 있는 요소를 이용하여 디자인을 변경했다면 다음과 같이 해당 요소에서 마우스 오른쪽 버튼을 클릭한 후 [컬렉션 보기]를 선택합니다. 그러면 선택한 요소와 같은 스타일로 구성된 컬렉션 목록이 나옵니다.

단, 모든 요소가 컬렉션이 있는 것은 아닙니다. 요소에서 마우스 오른쪽 버튼을 클릭했을 때 [컬렉션 보기] 메뉴가 없다면 [지금과 비슷한 이미지 더 보기] 메뉴를 이용하거나 최대한 유사한 스타일의 요소를 찾아 사용해야 합니다.

▲ 같은 스타일로 구성된 요소 컬렉션 보기

인스타그램용 숏폼, 릴스 영상 만들기

인스타그램에서 릴스는 필수 콘텐츠로 자리를 잡았습니다. 캔바를 이용하면 숏폼 정도는 손쉽게 완성할 수 있습니다. **Link** 캔바의 영상 편집 기능은 **131쪽** 에서 좀 더 자세히 설명합니다.

릴스 제작 시작하기

01 캔바 홈 화면에서 [디자인 만들기] 버튼을 클릭한 후 검색창을 이용해 [모바일 동영상]을 찾아 선택합니다.

02 릴스 제작용 페이지가 열리면 배경으로 사용할 영상을 추가합니다. [요소] 도구 패널에서 동영상 요소를 찾아 선택하거나, [업로드 항목] 도구 패널에서 영상 파일을 업로드한 후 선택하면 됩니다. 영상 파일을 직접 페이지로 드래그해도 됩니다.

TIP 캔바의 인공지능 기능으로 영상을 만들거나 [디자인] 도구 패널을 열고 적절한 템플릿을 찾아 사용해도 좋습니다. **Link** 인공지능으로 영상을 생성하는 방법은 **112쪽** 에서 자세히 설명합니다.

03 페이지에 추가한 영상의 홀더를 드래그하여 원하는 크기로 조절할 수 있지만 여기서는 페이지 가득 채우기 위해 ❶ 영상에서 마우스 오른쪽 버튼을 클릭하고 ❷ [동영상을 배경으로 설정합니다.]를 선택합니다.

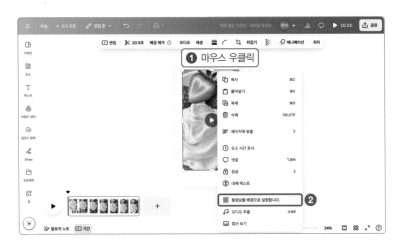

04 영상이 배경으로 설정되었습니다. 영상의 길이를 조절하기 위해 ❶ 요소 편집 메뉴에 있는 가위 모양 [자르기] 아이콘을 클릭합니다. ❷ 요소 편집 메뉴 위치에 타임라인이 표시되면 영상의 앞뒤에 있는 보라색 바를 드래그하여 원하는 길이로 조정하고 ❸ [완료] 버튼을 클릭합니다.

TIP 타임라인에서 길이를 조정한 후 영역 안쪽을 드래그하면 재생되는 구간을 변경할 수 있습니다.

05 ❶ 도구 바에서 **[텍스트]**를 클릭하여 패널을 열고, ❷ **[텍스트 상자 추가]** 버튼을 클릭합니다. ❸ 텍스트 상자가 추가되면 릴스의 주제에 해당하는 내용을 입력하고, ❹ 요소 편집 메뉴에서 크기 및 글꼴을 적절하게 변경합니다. **Link** 글꼴 및 크기 변경 방법은 **180쪽**을 참고합니다.

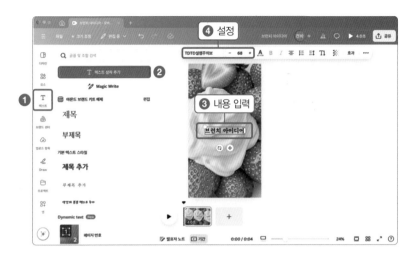

> **TIP** 단축키 **T**를 눌러서 빠르게 텍스트 상자를 추가할 수도 있습니다.

06 영상이나 사진과 겹치게 텍스트 상자를 배치하면 가독성이 떨어집니다. 이럴 때 텍스트에 배경을 추가하면 효과적입니다. ❶ 요소 편집 메뉴에 있는 **[효과]** 버튼을 클릭합니다. ❷ 효과 패널이 열리면 **[배경]** 효과를 적용하고 ❸ 상세 옵션을 조절합니다.

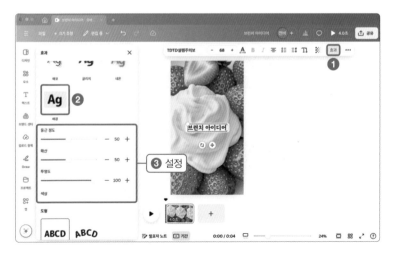

인공지능으로 추가 콘텐츠 제작하기

01 앞 실습에 이어서 캔바의 인공지능을 이용해 주제에 어울리는 텍스트를 생성한 후 추가 영상을 제작해 보겠습니다. ❶ 릴스의 주제가 입력된 텍스트 상자를 선택하고 ❷ 팝업 메뉴에서 [Magic Write] 버튼을 클릭한 후 ❸ **[텍스트 확장]**을 선택합니다.

02 캔바 인공지능이 자동으로 생성한 텍스트가 나타납니다. 여기서는 '브런치 아이디어 5가지'를 주제로 텍스트가 작성되었습니다. 생성된 텍스트 상자는 하단에 있는 '복사 아이콘'을 눌러서 복사해서 옮기고 팝업창을 종료합니다.

03 인공지능이 만들어 준 텍스트를 이용해 릴스의 콘텐츠를 추가하기 위해 ❶ 페이지 목록에서 [+] 아이콘을 클릭해 새로운 페이지를 추가하고 ❷ 영상 요소를 추가하기 위해 도구 바에서 [요소]를 클릭한 후 ❸ '동영상' 모두 보기를 클릭합니다.

04 동영상 패널에 목록이 나타나면 ❶ 검색창에서 인공지능이 작성해 준 텍스트의 주요 키워드를 이용해 검색합니다. ❷ 검색 결과에서 적절한 영상을 찾아 선택하여 ❸ 빈 페이지에 추가합니다. 여기서는 '아보카도 토스트'로 검색했습니다.

05 지난 과정을 참고하여 ❶ 배치한 영상을 배경으로 설정하고, 영상의 길이도 적절하게 조절합니다. 계속해서 ❷ 텍스트 상자 2개를 추가한 후 인공지능이 작성해 준 텍스트 내용 중 일부를 각각 복사해서 붙여 넣고 서식을 변경합니다.

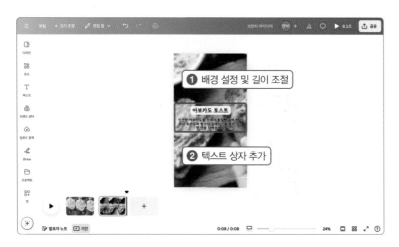

06 릴스 콘텐츠이므로 텍스트에 움직임을 주면 더 효과적입니다. ❶ 텍스트 상자를 선택한 후 ❷ 요소 편집 메뉴에서 [애니메이션] 버튼을 클릭합니다. ❸ 애니메이션 패널에서 원하는 움직임의 효과를 선택하여 적용합니다. 여기서는 [떠오르기]를 선택했습니다.

TIP 요소 편집 메뉴에 있는 [애니메이션] 버튼의 명칭은 적용된 효과의 이름으로 바뀝니다. 즉, 아무 효과도 적용하지 않았다면 [애니메이션]이 표시되고, [떠오르기]를 적용하면 [떠오르기] 버튼으로 표시됩니다.

07 세 번째 페이지는 두 번째 페이지를 이용하여 좀 더 쉽게 완성해 보겠습니다. 페이지 목록에서 ❶ 두 번째 페이지의 썸네일을 마우스 오른쪽 버튼으로 클릭한 후 ❷ **[페이지 복사]** 를 선택합니다.

08 두 번째 페이지와 동일한 구성의 세 번째 페이지가 추가되면 새로운 영상을 추가한 후 배경으로 지정하고, 영상과 어울리는 내용으로 텍스트를 교체하여 간단하게 완성할 수 있습니다. 이처럼 완성한 페이지를 복사해서 사용하면 레이아웃이나 서식, 애니메이션 효과 등이 그대로 유지되어 좀 더 빠르게 완성할 수 있습니다.

09 계속해서 인공지능이 생성해 준 텍스트를 활용하여 나머지 페이지도 완성합니다. 여기서는 총 4개의 페이지로 구성했습니다. 마지막으로 페이지 간 자연스러운 전환을 위해 전환 효과를 적용하겠습니다. ❶ 페이지 사이로 마우스 커서를 옮긴 후 [전환 추가] 아이콘을 클릭하고 ❷ 원하는 효과를 선택합니다.

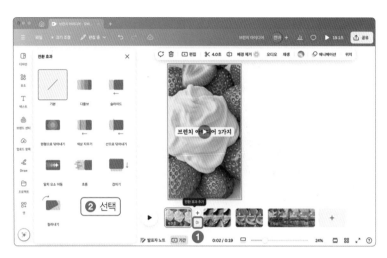

10 효과를 적용하면 페이지와 페이지 사이에 적용한 효과의 아이콘 모양이 표시됩니다. 나머지 페이지 사이에도 모두 같은 효과를 적용하고 싶다면 패널에서 [모든 페이지에 적용] 버튼을 클릭하고, 페이지별로 다른 전환 효과를 적용하고 싶다면 각 페이지를 선택한 후 원하는 전환 효과를 선택하면 됩니다.

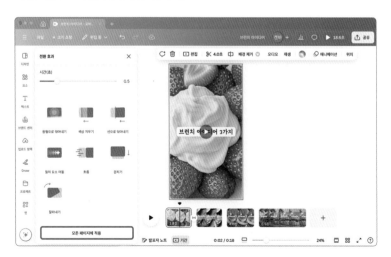

11 릴스용 콘텐츠가 완성되었다면 ❶ [재생] 아이콘을 클릭해서 결과를 확인합니다. 이상이 없으면 ❷ [공유]-[다운로드]를 선택하고, ❸ [파일 형식] 옵션을 [MP4 동영상]으로 설정한 후 ❹ [다운로드] 버튼을 클릭하여 동영상 파일로 저장합니다.

> **TIP** 다운로드 팝업 창에서 [페이지 선택] 옵션을 설정하여 특정 페이지만 다운로드할 수 있으며, [모든 페이지]로 설정한 후 [별도의 파일로 페이지 다운로드하기]에 체크하면 페이지별로 영상 파일을 다운로드할 수 있습니다.

디자인 한 걸음 더　대표적인 숏폼 스타일 3가지

숏폼은 주로 재미나 정보를 전달하는 10초~30초 분량의 짧은 영상 콘텐츠입니다. 그렇다고 꼭 영상 요소를 사용해야 하는 것은 아닙니다. 캔바에서 영상, 사진, 텍스트 조합으로 만들 수 있는 대표적인 숏폼 스타일 3가지를 소개합니다.

정적인 배경 + 움직이는 텍스트나 그래픽 요소
배경으로 사진을 사용하고, 텍스트나 그래픽 요소에 애니메이션 효과를 적용한 스타일입니다. 이렇게 여러 페이지를 만든 후 페이지 간 전환 효과를 적용하여 하나의 영상으로 만들어 사용합니다.

▲ 사진 배경에 텍스트 추가 후 애니메이션 효과 적용하기

TIP 사용한 요소가 여러 개이며, 각 요소들의 등장하는 순서를 정하고 싶다면 요소를 모두 선택한 다음 마우스 오른쪽 버튼을 클릭한 후 [타이밍 보기]를 선택하여 조정합니다. **Link** 타이밍 설정 방법은 **148쪽**에서 자세히 설명합니다.

▲ 여러 장의 페이지를 완성한 후 전환 효과를 적용해서 완성

움직이는 배경 + 정적인 텍스트나 그래픽 요소

이번에는 위의 스타일과 반대로 배경에 영상을 사용하고, 텍스트 또는 그래픽 요소를 추가한 스타일입니다. 이 스타일은 배경에 영상이 있으므로 간단하게 한 페이지로 구성할 수 있습니다.

▲ 영상 요소를 배경으로 적용하고, 그래픽 및 텍스트를 추가한 페이지 구성

움직이는 배경 + 움직이는 텍스트나 그래픽 요소

위 2가지 스타일을 모두 더한 스타일입니다. 영상을 배경으로 지정한 후 추가로 배치한 텍스트 또는 그래픽 요소에도 애니메이션 효과를 추가하면 조금 더 생동감 있는 영상이 완성됩니다.

이때 특정 요소에 애니메이션을 넣고 싶다면 해당 요소를 선택하고 [애니메이션] 버튼을 클릭한 후 원하는 효과를 적용합니다. 만약 페이지에 배치한 모든 요소에 동일한 애니메이션 효과를 적용하고 싶다면 배경을 선택한 후 [애니메이션] 버튼을 클릭한 후 효과를 적용하면 됩니다.

▲ 배경을 선택한 후 애니메이션을 적용하면 페이지에 있는 모든 요소에 애니메이션이 적용됩니다.

글로벌 카드뉴스 템플릿 활용하기

LESSON 06

카드뉴스는 정보를 시각적으로 전달할 수 있는 매우 효과적인 디자인 콘텐츠 중 하나입니다. 보통 인스타그램, 페이스북과 같은 소셜 미디어에 활용하며, 정보 전달을 위해 여러 장으로 구성하는 것이 일반적입니다. 글로벌 템플릿과 번역 기능을 이용해서 손쉽게 카드뉴스를 완성해 보겠습니다.

01 캔바 홈 화면의 검색창에서 '카드뉴스' 또는 'carousel'로 검색합니다. 이때, 검색창의 팝업 창에서 [Canva 템플릿] 탭이 선택된 상태여야 원하는 템플릿을 찾을 수 있습니다.

TIP 한글로 검색하면 한글로 된 템플릿이, 영문으로 검색하면 영문으로 된 템플릿이 검색됩니다.

02 검색된 템플릿 목록에서 원하는 스타일의 템플릿을 찾아 선택하고, 상세 정보 팝업 창이 열리면 [**이 템플릿 맞춤 편집하기**] 버튼을 클릭합니다.

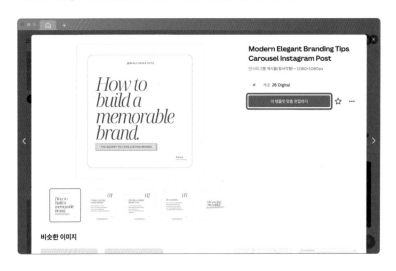

03 에디터 화면이 열리고 여러 페이지로 구성된 카드뉴스가 나타납니다. 상황에 따라 내용도 일부 활용할 수 있지만, 영문 템플릿을 선택했으므로 한국어로 번역해 주는 것이 좋습니다. 메뉴 바에서 ❶ [**크기 조정**] 버튼을 클릭한 후 ❷ [**자동 번역**]을 선택합니다.

> **TIP** [Translate] 기능은 캔바 Pro의 기능으로 최초 50회는 무료로 사용할 수 있습니다.

04 Translate 팝업 창에서 ❶ [도착어] 옵션은 [한국어]로, 추가 어조를 선택합니다.
❷ [적용할 페이지] 옵션은 [모든 페이지]로 설정한 후 ❸ [자동 번역] 버튼을 클릭합니다.

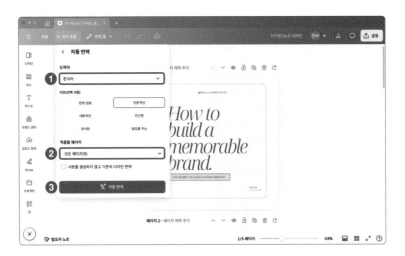

> **TIP** 위 팝업 창에서 [사본을 생성하지 않고 기존의 디자인 번역]에 체크하면 현재 페이지에서 바로 번역되고, 체크를 해제하면 번역된 내용으로 복사본이 만들어집니다.

05 [사본을 생성하지 않고 기존의 디자인 번역]에 체크하지 않고 번역했다면 다음과 같이 복사 및 번역 완료 팝업 창이 열리고 여기서 [OOO 열기] 버튼을 클릭합니다. 참고로 이 버튼은 선택한 템플릿 종류에 따라 다른 내용으로 표시됩니다.

06 번역된 페이지가 열리면 카드뉴스 커버(첫 페이지)부터 번역된 부분을 확인하여 어색한 부분을 수정하고, 글꼴의 크기, 색상 등을 변경하여 완성합니다.

TIP 제목 텍스트 등 모든 페이지에서 특정 텍스트 서식을 동일하게 적용하고 싶다면 완성한 텍스트 상자를 선택하고 요소 편집 메뉴에서 롤러 모양의 [스타일 복사] 아이콘을 클릭한 다음 같은 서식을 적용할 나머지 텍스트 상자를 클릭하면 같은 서식을 적용할 수 있습니다.

07 두 번째 페이지도 텍스트 상자의 내용을 확인하고 수정합니다. 이때 글자 수의 변경 등으로 레이아웃이 틀어지는 것을 방지하기 위해 정확한 기준이 필요합니다. ❶ 메뉴 바에서 [파일] 버튼을 클릭한 후 ❷ [설정]-[눈금자 및 가이드 표시]를 선택합니다.

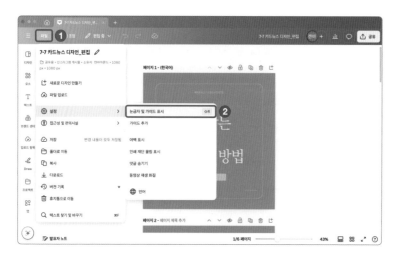

08 페이지 위쪽과 왼쪽에 눈금자가 표시되면 눈금자 부분을 클릭한 채 페이지 쪽으로 드래그하여 기준이 될 위치에 보라색 가이드라인을 추가합니다. 추가한 가이드라인은 모든 페이지에서 동일하게 표시됩니다.

09 모든 페이지에서 가이드라인에 맞추어 텍스트 상자의 위치를 동일하게 조정합니다.

10 마지막으로 기준이 되는 첫 번째 페이지를 참고하여 나머지 페이지의 색상 조합도 적절하게 변경합니다. **①** 요소를 선택한 후 **②** 요소 편집 메뉴에서 **[색상]** 아이콘을 클릭하여 색상 패널을 열고 **③** 원하는 색을 적용합니다. 이때 **[모두 변경]** 버튼을 클릭하면 모든 페이지에서 일괄 변경할 수 있습니다.

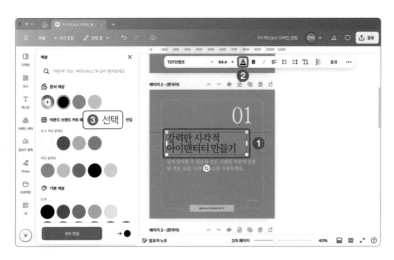

11 각 페이지의 디자인을 모두 완성했다면 아래쪽에 있는 **[그리드뷰]** 아이콘을 클릭하여 모든 페이지를 일괄 살펴본 후 수정할 부분이 없는지 확인하고, 이후 다운로드하여 사용합니다.

수많은 디자인 템플릿 중에 꼭 필요한 템플릿을 찾기 위해 다양한 검색어를 활용합니다. 하지만, 이런 노력에도 정확한 키워드를 모르면 찾기 어려운, 하지만 알고 보면 무척이나 유용한 숨은 보석 같은 템플릿 3가지를 소개합니다.

브랜드 키트 템플릿

검색창에 '브랜드 키트'로 검색해 보세요. 브랜드의 로고, 대표 폰트, 컬러 팔레트 등 비주얼 시스템을 문서화해서 정리할 수 있는 템플릿들을 확인할 수 있습니다. 브랜드를 새롭게 기획할 때 유용합니다.

스토리보드 템플릿

'스토리보드'로 검색하면 영상 콘텐츠에 넣을 장면과 내용을 기획해 볼 수 있는 템플릿을 찾을 수 있습니다. 제작을 시작하기 전 콘텐츠를 미리 구상하면 촬영과 편집에 소요되는 시간을 단축할 수 있다는 장점이 있습니다.

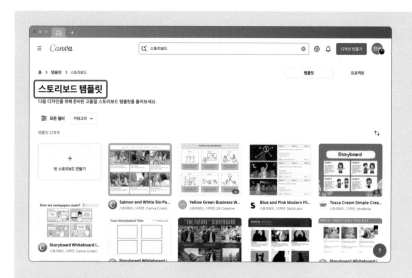

코믹 스트립 템플릿

'코믹 스트립'으로 검색하면 인스타그램 등에서 널리 유행하는 짧은 컷툰을 만들 때 쓰는 템플릿을 찾을 수 있습니다. 코믹 스트립 템플릿과 캔바의 그래픽 요소들을 이용하면 직접 그림을 그리지 않아도 나만의 컷툰을 완성할 수 있습니다.

제목이 돋보이는 정사각형 썸네일 디자인

LESSON 07

블로그 등의 포스팅에서 썸네일은 해당 포스팅을 대표하는 얼굴이라고 할 수 있습니다. 썸네일만 잘 만들어도 클릭률이 높아지기도 하죠. 소셜 미디어 플랫폼에 포스팅을 공유할 때 썸네일이 대표 이미지로 노출되기도 하므로 그 중요성은 더욱 높아지고 있습니다. 사진과 텍스트 효과를 활용해서 썸네일을 완성해 보겠습니다.

01 캔바 홈 화면에서 [디자인 만들기] 버튼을 클릭한 후 [인스타그램 게시물(정사각형)]을 선택하여 1080×1080px 크기의 새로운 디자인을 시작합니다.

TIP 썸네일은 일반적으로 정사각형이므로, 편의상 [인스타그램 게시물(정사각형)]로 시작하면 됩니다. 만약 원하는 특정 크기가 있다면 [디자인 만들기]-[맞춤형 크기]를 선택한 후 크기를 직접 입력하세요.

02 썸네일을 완성한 후 사진과 텍스트만 쉽게 교체해서 사용할 수 있도록 그리드를 활용하겠습니다. ❶ 도구 바에서 [요소]를 클릭한 후 ❷ '그리드' 영역에서 정사각형 그리드를 선택합니다. ❸ 그리드는 페이지의 레이아웃을 결정하는 요소이므로, 페이지 가득 정사각형 그리드가 채워집니다.

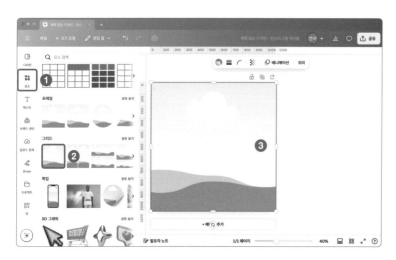

03 ❶ 배경으로 사용할 사진을 페이지에 추가한 후 그리드 위에서 드래그하면 ❷ 사진이 그리드 가득 채워집니다. 이후 다른 포스팅의 썸네일을 만든다면 새로운 이미지를 추가하고 같은 방법으로 그리드를 채우는 방식으로 활용할 수 있습니다.

04 ❶ 단축키 ⊤를 눌러 텍스트 상자를 추가한 후 포스팅의 제목을 입력하고 ❷ 요소 편집 메뉴에서 글꼴 크기와 글꼴, 텍스트 색상을 변경합니다. 예제에서는 '디저트 핫플 BEST5'라는 제목을 2줄로 입력한 후 글꼴을 [뚠뚠이], 글꼴 크기를 [135], 텍스트의 색상을 [흰색 (#FFFFFF)]으로 변경했습니다.

NOTE 그리드 배경 잠금 처리하기

그리드를 배경으로 사용하면 이후 다른 요소를 배치한 후 편집 시 그리드가 선택되어 작업이 불편할 수 있습니다. 이럴 때는 배경으로 사용한 그리드를 잠금 처리하면 됩니다.

아래와 같이 배경으로 사용 중인 그리드를 마우스 오른쪽 버튼으로 클릭한 후 [잠금]-[잠금] 또는 [부분 잠금]을 선택합니다.

- **잠금:** 요소를 잠금 처리하면 잠금을 해제하기 전까지 어떤 기능도 적용할 수 없습니다.
- **부분 잠금:** 뒤집기 등 일부 요소 편집 메뉴에 있는 기능을 사용할 수는 있으나 다른 요소를 편집할 때에는 영향을 주지 않습니다.
- **잠금 해제:** 잠금 처리한 경우 요소 편집 메뉴에서 [잠금 해제] 아이콘을 클릭하고, 부분 잠금 처리한 경우 요소 편집 메뉴에서 [잠금] 아이콘을 클릭해서 잠금 처리한 후 [잠금 해제] 아이콘을 클릭합니다.

TIP 요소를 선택한 후 요소 편집 메뉴에서 자물쇠 모양의 아이콘을 클릭해서 [부분 잠금] → [잠금] → [잠금 해제] 기능을 실행할 수도 있습니다.

05 포스팅 제목을 강조하기 위해 ① 텍스트 상자를 선택하고 ② 요소 편집 메뉴에서 [효과] 버튼을 클릭합니다. ③ 효과 패널이 열리면 [테두리]를 선택해서 적용하고, ④ [색상] 옵션을 텍스트와 같은 [흰색(#ffffff)]으로, ⑤ [두께] 옵션은 [200]으로 두껍게 설정합니다.

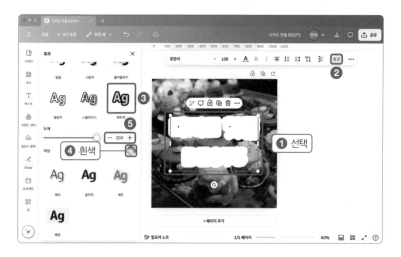

06 흰색으로 가득 채워져서 텍스트를 파악하기 어렵습니다. 그 상태에서 ① Ctrl + D를 눌러 텍스트 상자를 복제합니다. ② 복제된 텍스트 상자가 선택된 상태로 효과 패널에서 [테두리] 효과의 [두께] 옵션을 [150]으로, ③ [색상] 옵션을 [검정(#000000)]으로 변경합니다.

TIP 텍스트 상자를 마우스 오른쪽 버튼으로 클릭한 후 [복제]를 선택해서 복제할 수도 있습니다.

07 ❶ 흰색 텍두리의 텍스트 상자와 검정 테두리의 텍스트 상자를 모두 선택한 다음 ❷ 요소 편집 메뉴에서 [위치] 버튼을 클릭해서 위치 패널의 [정렬] 탭을 엽니다. ❸ ❹ 패널의 '요소 정렬' 영역에서 수직 방향과 수평 방향 모두 [가운데] 아이콘을 클릭하면 2개의 텍스트 상자가 다음과 같이 중앙 정렬됩니다.

08 2개의 텍스트 상자가 모두 선택된 상태에서 ❶ 요소 편집 메뉴의 [간격] 아이콘을 클릭한 후 ❷ [줄 간격]을 [1.2]로 변경하여 텍스트 상자 내에서 줄 사이 간격을 조절합니다.

09 ❶ T를 눌러 새로운 텍스트 상자를 추가한 후 '태국'이라고 입력합니다. ❷ 요소 편집 메뉴에서 [글꼴]은 [TDTD소년소녀], [색상]은 [흰색(#FFFFFF)], [글꼴 크기]는 [135]로 설정합니다. ❸ [효과] 버튼을 클릭하여 ❹ [테두리]를 적용한 후 ❺ [두께]는 [200], [색상]은 [진한 빨강(#BF0B0B)]으로 설정합니다.

10 ① Ctrl + D 를 눌러 텍스트 상자를 복제한 후 오른쪽으로 옮겨서 배치하고 ② 효과 패널에서 [**그림자**]를 적용합니다. ③ 세부 옵션에서 [**색상**]은 [**검정(#000000)**]으로 설정합니다.

11 2개의 '태국' 텍스트 상자를 선택한 후 ① 요소 편집 메뉴에서 [**위치**] 버튼을 클릭하여 위치 패널의 [**정렬**] 탭을 열고 ② [**맨 위**]와 ③ 세로 방향 [**가운데**] 아이콘을 클릭하면 ④ 다음과 같이 하나로 겹쳐지면서 좀 더 입체적인 텍스트가 완성됩니다.

12 하나로 겹친 ❶ '태국' 텍스트 상자에서 홀더를 드래그하여 크기를 줄이고, 회전 아이콘을 드래그하여 살짝 기울인 후 다음과 같이 제목의 왼쪽 위에 배치합니다. ❷ 앞서의 과정을 참고하여 '가면 꼭 들려야 함!' 텍스트를 추가합니다.

TIP 텍스트 상자를 선택한 후 [위치] 버튼을 클릭하여 위치 패널의 [정렬] 탭이 열리면 [회전] 옵션을 이용하여 요소를 회전시킬 수도 있습니다.

13 텍스트를 꾸미기 위해 ❶ 도구 바에서 [요소]를 클릭하고 ❷ 패널의 검색창에서 '태국'으로 검색한 후 ❸ [그래픽] 탭을 클릭합니다. ❹ 그래픽 목록에서 태국 국기 이미지를 찾아 선택하여 페이지에 추가한 후 ❺ 페이지에서 다음과 같이 크기와 각도를 변경하여 배치합니다.

14 태국 국기를 '태국' 텍스트 밑으로 옮기기 위해 ❶ 요소 편집 메뉴에서 [위치] 버튼을 클릭하여 위치 패널을 열고 ❷ [레이어] 탭을 클릭합니다. ❸ 페이지에 배치된 요소들의 목록이 표시되면 태국 국기 레이어를 '태국' 텍스트 레이어 아래로 드래그해서 옮깁니다.

15 썸네일의 제목에 해당하는 요소들의 디자인이 끝났으므로 ❶ 범위를 드래그하여 배경을 제외한 모든 요소를 모두 선택한 후 ❷ 팝업 메뉴에서 [그룹화] 버튼을 클릭하거나 Ctrl +G를 눌러 하나의 그룹으로 묶습니다.

16 제목을 조금 더 강조하기 위해 ❶ 도구 바에서 [요소]를 클릭한 후 ❷ '도형' 영역에서 정원을 선택합니다. ❸ 페이지에 추가된 정원의 홀더를 Alt 를 누른 채 드래그하여 제목 요소들이 모두 가려질 정도로 크게 키우고, ❹ [색상]은 [흰색(#FFFFFF)]으로 변경합니다.

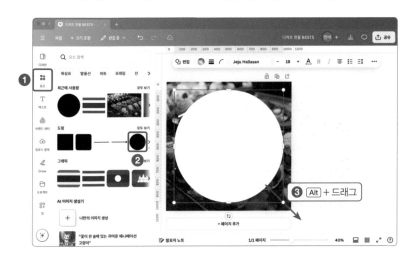

17 ❶ 정원에서 마우스 오른쪽 버튼을 클릭한 후 [레이어]−[뒤로 보내기]를 선택하거나 단축키 Ctrl + [를 눌러 제목 텍스트 밑으로 보냅니다. ❷ 정원이 선택된 상태로 요소 편집 메뉴에서 [투명도] 아이콘을 클릭한 후 ❸ [50]으로 설정하여 반투명하게 변경하면 완성입니다.

> **TIP** 요소를 선택한 후 요소 편집 메뉴에서 [위치] 버튼을 클릭하고 패널에서 [레이어] 탭을 클릭하여 레이어 순서를 변경해도 됩니다.

썸네일은 한 번 만들어 놓으면 이후 제목 텍스트나 배경 이미지만 변경해서 사용할 수 있습니다. 그러므로 텍스트나 이미지 교체가 쉽도록 제작하는 것이 포인트입니다.

완성한 썸네일은 브랜드 템플릿으로 등록하면 더욱 편하게 사용할 수 있습니다.

Link 브랜드 템플릿 기능은 캔바 Pro에서 사용할 수 있는 기능으로 **163쪽**을 참고하세요.

썸네일에 사용할 텍스트는 가독성을 고려해야 합니다. 그러므로 획이 두꺼운 스타일의 글꼴을 사용하는 것이 좋습니다. 캔바의 글꼴 패널에서 스타일별로 필터링할 수 있으므로 [굵게], 또는 [제목]을 선택하면 획이 두꺼운 글꼴만 모아 볼 수 있습니다.

▲ 획이 굵은 글꼴

▲ 제목으로 사용하기 좋은 글꼴

LESSON 08

인공지능이 만들어 준 유튜브 썸네일 Pro

같은 콘텐츠의 영상이라도 사용한 썸네일을 따라서 사람들의 관심도가 달라질 수 있습니다. 썸네일은 영상의 내용을 요약해서 보여 주는 것이므로 주요한 장면을 이용해서 만들면 좋습니다. 하지만 마땅한 장면이 없다면 캔바의 인공지능을 이용해 보세요. 캔바의 인공지능으로 이미지를 만들어서 썸네일을 완성해 보겠습니다.

Magic Design 기능은 앞서 인공지능의 다양한 기능을 소개할 때도 한 번 사용한 적이 있습니다. 이번 실습에서는 지난 실습과 다르게 디자인 페이지를 먼저 만든 후 인공지능을 이용해 디자인을 완성해 보겠습니다. 이 기능은 2024년 2월 기준 베타 버전으로 영문 버전에서만 제공됩니다. 그러므로 언어 설정을 영어로 변경한 후 실습해야 합니다.

01 언어 설정을 변경하기 위해 캔바 홈 화면에서 ❶ [설정] 아이콘을 클릭한 후 ❷ [언어] 옵션을 [English(US)]로 변경합니다. ❸ 설정 변경 후 캔바 로고를 클릭하여 홈 화면으로 이동합니다.

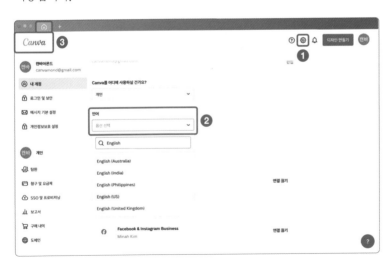

02 홈 화면에서 [Create a design](디자인 만들기) 버튼을 클릭한 후 [Youtube Thumb nail]을 찾아 선택하여 새로운 디자인을 시작합니다.

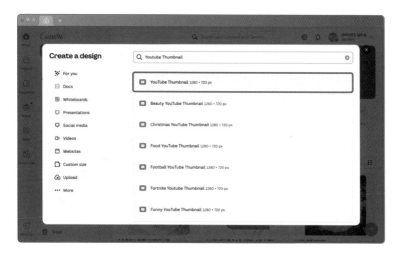

03 에디터 화면이 열리고 ❶ 왼쪽에 [Design](디자인) 도구 패널이 열려 있으면 검색창에 '주제+형식(종류)+용도'가 모두 포함되도록 조합하여 검색합니다. 여기서는 'cafe vlog youtube thumbnail'로 검색했습니다. 'Magic Design' 영역에 인공지능으로 생성된 디자인이 표시되면 이미지를 사용자화하기 위해 ❷ [Media] 버튼을 클릭합니다.

> **TIP** 입력한 검색어에 따라 'Magic Design' 영역이 표시되지 않을 수 있습니다. 이럴 때는 검색 시 '주제', '형식(종류)', '용도'를 모두 적절하게 조합해서 검색했는지 확인해 보세요.

04 ❶ 팝업 창이 열리면 [Choose files] 버튼을 클릭하여 사용할 이미지를 업로드합니다. 잠시 후 ❷ 다시 [Media] 버튼을 클릭하여 ❸ 업로드된 이미지를 선택하고 ❹ [See results] 버튼을 클릭합니다.

TIP 이 기능은 2024년 2월 기준 베타 기능으로 제대로 작동하지 않을 수도 있습니다.

05 ❶ 'Media Design' 영역에 있는 디자인들이 업로드한 이미지로 교체되어 있는 걸 확인할 수 있습니다. ❷ 자동 생성된 전체 디자인을 확인하기 위해 [See all] 링크를 클릭합니다.

TIP 브랜드 키트를 등록해 두었다면 [Media] 버튼 오른쪽으로 [Brand] 버튼이 표시됩니다. 이 버튼을 클릭해서 브랜드 키트에 등록한 색상 팔레트와 글꼴까지 적용할 수 있습니다.

06 전체 목록을 확인한 후 마음에 드는 것을 선택합
니다.

07 선택한 디자인이 페이지에 적용되면 각 요소를 선택한 후 요소 편집 메뉴를 이용하여
색상 등을 수정하거나 텍스트를 적절하게 변경하여 완성합니다.

LESSON 09 무료로 사용할 수 있는 웹사이트 제작 및 배포

웹사이트는 온라인에서 브랜드의 존재감을 알리는 중요한 역할을 합니다. 물론 소셜 미디어를 이용할 수도 있지만, 신뢰도를 구축하는 측면에서는 웹사이트를 함께 운영하는 것이 훨씬 효과적입니다. 캔바에서는 웹사이트까지도 소셜 미디어 콘텐츠처럼 간단하게 제작할 수 있답니다.

웹사이트 디자인하기

01 캔바 홈 화면에서 [디자인 만들기] 버튼을 클릭한 후 [웹사이트]를 찾아 선택합니다.

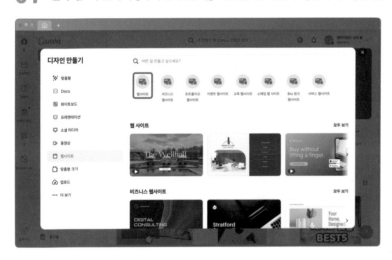

02 에디터 화면이 열리면 ❶ [디자인] 도구 패널의 검색창에서 업종 또는 원하는 웹사이트 스타일로 검색한 후 ❷ 원하는 템플릿을 선택합니다. 여기서는 '카페'라고 검색했습니다.

TIP 웹사이트를 제작할 때는 [디자인] 도구 패널에서 [템플릿] 탭의 템플릿을 선택하여 빠르게 완성하거나, [레이아웃] 탭에서 전체적인 레이아웃만 선택해서 시작할 수 있습니다. 사용할 디자인 요소와 디자인 콘셉트가 이미 정해져 있다면 레이아웃을 이용하고, 그렇지 않다면 디자인이 갖춰진 템플릿을 선택하면 됩니다.

03 디자인 패널에는 선택한 템플릿에 대한 간단한 설명과 포함된 페이지 목록이 모두 표시됩니다. 여기서 [모든 n개 페이지에 적용] 버튼을 클릭하여 디자인 페이지에 적용합니다.

04 이제 각 페이지에서 텍스트나 이미지 등의 요소를 수정하면 됩니다. 이때 링크 기능을 이용하여 다른 페이지로 이동하거나 외부의 웹사이트로 연결할 수 있습니다. ❶ 버튼으로 사용될 텍스트 상자를 마우스 오른쪽 버튼으로 클릭한 후 ❷ [링크] 메뉴를 선택합니다.

05 팝업 창이 열리면 연결할 페이지를 선택하거나 웹사이트 주소를 입력합니다.

TIP 링크로 연결할 위치를 변경하거나 링크 기능을 해제할 때도 [링크] 메뉴를 선택하여 실행한 후 팝업 창에서 위치를 변경하거나 휴지통 모양 아이콘을 클릭하여 링크 기능을 해제할 수 있습니다.

06 웹사이트를 위해 만든 각 페이지에 이름을 입력하면 이후 웹사이트의 메인 메뉴로 표시됩니다. 각 페이지 왼쪽에 나열된 아이콘 중에서 ① 연필 모양의 **[메모 추가]** 아이콘을 클릭하여 메모 패널을 열고, ② 메모 패널의 가장 위에 페이지 제목을 입력합니다.

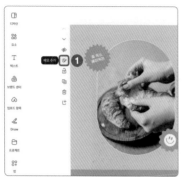 

> **TIP** 페이지 아래쪽으로 페이지 목록이 표시된 상태에서는 위와 같은 아이콘들이 보이지 않습니다. 그럴 때는 페이지 목록을 닫고 [메모 추가] 아이콘을 클릭하거나 각 페이지 썸네일에서 마우스 오른쪽 버튼을 클릭한 후 팝업 메뉴에서 제목을 입력할 수 있습니다.

07 좀 더 역동적인 웹사이트로 만들기 위해 애니메이션 효과를 적용하겠습니다. 애니메이션은 과하지 않게 첫 페이지에만 적용해도 충분합니다. ① 첫 페이지 전체를 선택하거나 특정 요소를 선택한 후 ② 요소 편집 메뉴에서 **[애니메이션]** 버튼을 클릭합니다. ③ 애니메이션 패널에서 적당한 효과를 적용합니다.

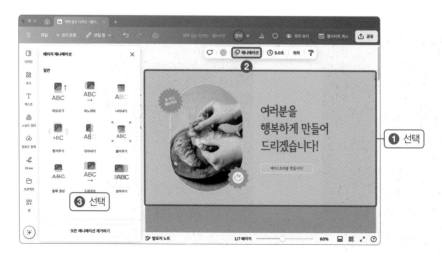

08 각 페이지의 요소나 텍스트 등을 수정하여 완성했다면 ❶ 메뉴 바에서 **[미리보기]** 버튼을 클릭합니다. ❷ 실제 웹사이트처럼 표시되면 미리 보기 화면 아래에서 **[탐색 메뉴 포함]**으로 설정하여 ❸ 페이지 이름으로 구성된 메뉴도 확인할 수 있습니다.

09 계속해서 ❶ 미리 보기 화면 오른쪽 위에 있는 **[데스크톱/모바일]** 아이콘을 클릭하여 디바이스별 모습도 확인해 봅니다. ❷ 화면 아래에 있는 **[모바일에서 크기 조정]**에 체크를 해제하면 모바일 화면에서 데스크톱 화면을 볼 수 있습니다.

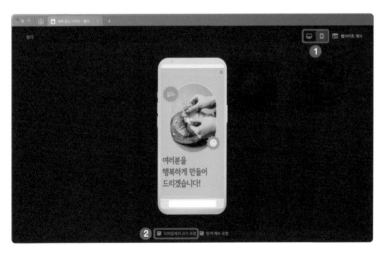

무료로 웹사이트 게시하기

미리 보기로 최종 결과까지 확인하고 최종으로 웹사이트 디자인을 완성했다면 이제 실제 웹 사이트로 활용하기 위해 웹에 게시하면 됩니다. 여기서는 무료로 사용할 수 있는 캔바 도메인을 이용하여 게시해 보겠습니다.

01 웹사이트에 게시하기 위해 **①** 메뉴 바에서 [웹사이트 게시] 버튼을 클릭한 후 **②** 패널이 열리면 [웹 사이트 URL]을 입력하고 **③** [게시 설정]을 클릭해서 펼칩니다.

NOTE 캔바에서 제공하는 도메인 설정 방법 3가지

웹사이트를 온라인에 게시하려면 도메인(www로 시작하는 웹사이트 주소)이 필요하며, 위 화면에서 [맞춤형 도메인 사용] 링크를 클릭하면 다음과 같이 3가지 방법 중 선택할 수 있습니다. 단, [새 도메인 구매]와 [기존 도메인 사용] 옵션은 Canva Pro, 단체용 Canva, 교육용 Canva 사용자에게만 지원되는 기능이며, 단체로 사용 중이라면 관리자 및 소유자만 사용할 수 있습니다.

① **무료 도메인:** 캔바에서 제공하는 무료 도메인을 사용해서 웹사이트를 게시할 수 있습니다. 도메인 주소가 크게 중요하지 않다면 가장 간편하게 사용할 수 있는 방법으로, [무료 도메인] 버튼을 클릭한 후 [계속하기] 버튼을 클릭하면 .my.canva.site 형태로 주소를 생성할 수 있습니다.

② **새 도메인 구매:** [새 도메인 구매] 버튼을 클릭한 후 [계속하기] 버튼을 클릭하면 직접 원하는 도메인 주소를 입력한 후 사용 가능 여부를 확인하고, 추천 도메인 목록에서 선택하여 절차에 따라 구매할 수 있습니다. 캔바를 단체용으로 사용 중이라면 관리자만 사용할 수 있는 기능입니다.

③ **기존 도메인 사용:** 이미 구매해 놓은 도메인이 있다면 [기존 도메인 사용] 버튼을 클릭한 후 [계속하기] 버튼을 클릭하면 됩니다. 이 기능은 도메인에 대한 기초 지식이 있을 때 사용하는 것을 추천합니다.

02 다음과 같은 게시 설정 옵션이 펼쳐지면 ❶ 페이지 설명과 ❷ 브라우저 탭 설정을 하고, ❸ [고급 설정]을 펼쳐서 상세 옵션을 설정합니다. ❹ 끝으로 [웹사이트 게시] 버튼을 클릭합니다.

TIP 도메인은 캔바 홈 화면에 있는 [설정] 아이콘을 클릭한 후 설정 화면에서 [도메인] 메뉴로 이동하여 변경할 수 있습니다.

NOTE 게시 설정 자세히 살펴보기

게시 설정 단계의 옵션들은 필수로 입력해야 하는 것은 아닙니다. 하지만 전문성과 검색 친화성을 위해서는 모두 입력하는 것을 추천합니다.

❶ **브라우저 탭 설정:** 연필 모양 아이콘을 클릭하여 설정할 수 있습니다. 웹브라우저에서 해당 웹사이트에 접속했을 때 탭에 표시되는 파비콘과 웹사이트의 이름을 변경합니다.

❷ **페이지 설명:** 웹사이트에 대한 소개글을 입력합니다. 소개글은 검색 엔진의 검색 결과에 영향을 미치므로 적절한 키워드를 포함하여 160자 이내로 작성합니다.

❸ **고급 설정:** 펼침 아이콘을 클릭하여 상세 옵션을 펼치면 다음과 같이 비밀번호 보호, 검색 엔진 보기, 링크 미리 보기 활성화 여부를 선택할 수 있습니다.

03 웹사이트 게시가 끝났습니다. 이제 ❶ **[웹사이트 보기]** 버튼을 클릭하여 실제 웹사이트를 확인할 수 있으며 ❷ URL을 복사해서 배포하면 됩니다.

04 웹사이트 게시가 정상적으로 끝났다면 언제든 해당 디자인을 열고 메뉴 바에서 **[통계]** 아이콘을 클릭하면 웹사이트의 방문자 인사이트가 나타납니다.

> **TIP** 웹사이트로 게시한 디자인은 전체가 잠김 처리되며, 메뉴 바 아래쪽에 있는 [디자인 편집] 버튼을 클릭해야 수정할 수 있습니다. 수정한 디자인을 반영하려면 다시 [웹사이트 게시] 버튼을 클릭하여 앞서와 같은 과정을 진행해야 합니다.

NOTE 웹사이트 게시 취소 및 도메인 변경하기

게시한 웹사이트를 취소하고 싶다면 메뉴 바에서 [웹사이트 게시] 버튼을 클릭한 후 [게시 설정]을 클릭하여 상세 옵션을 펼친 다음 [웹사이트 게시 취소]를 클릭하면 됩니다. 게시를 취소하면 도메인의 연결도 해제되어 실습 중에 생성한 도메인 주소로 웹사이트에 방문할 수 없게 됩니다.

또한, 캔바에서 해당 웹사이트 디자인을 삭제해도 웹사이트 게시가 자동으로 취소됩니다.

[웹사이트 게시 취소] 버튼을 클릭하거나 웹사이트 디자인을 삭제하려고 하면 다음과 같이 안내 창이 열리며 여기서 최종으로 게시를 취소하거나 삭제 여부를 결정하게 됩니다.

하위 도메인 선택 단계에서 작성한 도메인 주소를 변경할 수도 있습니다. 캔바의 홈 화면에서 툴니바 퀴 모양의 [설정] 아이콘을 클릭한 후 왼쪽 메뉴 바에서 [도메인]을 선택하면 다음과 같이 관리 중인 도메인 목록이 나타납니다. 여기서 [보기] 버튼을 클릭한 후 [편집] 버튼을 클릭하여 원하는 주소를 설정하면 됩니다.

MEMO

작업의 효율을
높여 주는 고급 기능

LESSON 01

직원별 명함 디자인 대량으로 제작하기 Pro

캔바에는 하나의 디자인을 여러 가지 버전으로 만들 수 있는 [대량 제작하기] 기능이 있습니다. 명함이나 초대장처럼 디자인은 유지한 채 텍스트 정도만 변경해서 사용해야 한다면 매우 유용한 기능이죠. 여기서는 직원별 명함을 빠르게 제작해 보겠습니다.

명함 디자인에서 텍스트와 사진 이미지를 자동으로 교체하면서 회사 내 모든 구성원의 명함을 대량으로 만들어 보겠습니다. 다음 2가지를 확인한 후 실습을 시작하세요.

- 대량 제작 시 사용할 사진 이미지는 미리 업로드해야 하며, 폴더로 관리하면 편리합니다.
- 사진 이미지를 자동으로 교체하려면 프레임이나 그리드를 사용하여 사진을 배치해야 합니다.

01 캔바 홈 화면에서 [디자인 만들기] 버튼을 클릭한 후 검색창을 이용해 [명함(가로)]을 찾아 선택하면 8.5×5cm 크기의 디자인 페이지가 열립니다. [디자인] 도구 패널에서 원하는 명함 디자인 템플릿을 선택하여 페이지에 적용합니다.

02 명함 디자인에서 이름과 사진 이미지를 교체하여 직원별 명함을 빠르게 완성해 보겠습니다. ❶ 도구 바에서 [앱]을 클릭한 후 ❷ [대량 제작] 버튼을 클릭합니다. ❸ 대량 제작하기 패널이 열리면 변경할 텍스트와 이미지 제공 방식을 선택합니다. 여기서는 [데이터 수동 입력]을 클릭합니다.

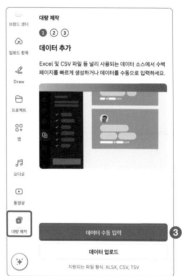

이름	전화번호
김예은	123-456-7890
최준호	123-456-7891

03 대량으로 생성할 디자인에서 변경할 내용들을 입력할 수 있는, 엑셀과 유사한 데이터 추가 창이 열립니다. ❶ 우선 창 왼쪽 아래에 있는 [표 지우기] 버튼을 클릭하여 샘플로 입력된 텍스트를 모두 지우고 ❷ 첫 번째 칸에 제목을 ❸ 이어서 교체될 텍스트(이름)를 순서대로 입력합니다.

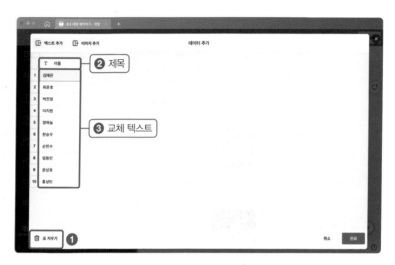

04 이번에는 교체될 사진 이미지를 추가하기 위해 ❶ 창의 왼쪽 위에 있는 [이미지 추가] 버튼을 클릭합니다. ❷ [이름] 열 오른쪽으로 [Image] 열이 추가됩니다. ❸ 사용할 이미지를 추가하기 위해 [Image] 열의 첫 번째 칸에서 [+]를 클릭합니다.

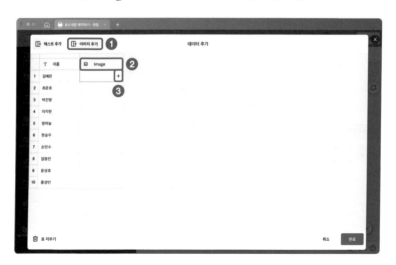

05 미디어 선택 창이 열리면 ❶ 각 이름에 맞춰 미리 업로드해 둔 사진 이미지를 찾아 ❷ 선택하면 됩니다. 만약 이미지를 업로드해 놓지 않았다면 창을 닫고 도구 바에서 [**업로드 항목**]을 클릭한 후 사진부터 업로드하고 다시 [**대량 선택하기**] 앱을 실행하세요.

06 위의 과정을 반복하여 각 행에 이미지를 모두 추가했다면 [**완료**] 버튼을 클릭합니다.

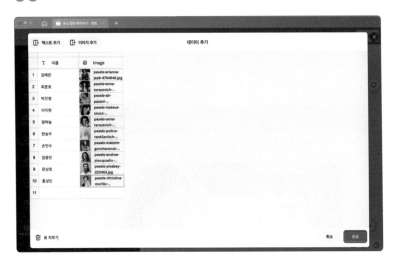

07 대량 제작하기 패널을 보면 ❶ 앞서 입력한 데이터의 제목이 필드로 구분되어 버튼 형태로 표시되어 있습니다. 이제 교체할 요소를 데이터 필드와 연결하면 됩니다. ❷ 페이지에서 이름이 입력된 텍스트 상자를 마우스 오른쪽 버튼으로 클릭한 후 ❸ [데이터 연결]을 선택합니다.

08 데이터 연결 팝업 창이 열리고 선택한 요소에 따라 교체할 수 있는 데이터 종류가 표시됩니다. 여기서는 텍스트 상자를 선택했으므로 [이름] 필드만 나타납니다. 그대로 [이름]을 클릭합니다.

09 계속해서 ❶ 사진 이미지 프레임에서도 마우스 오른쪽 버튼을 클릭한 후 **[데이터 연결]**을 선택하고 ❷ 데이터 연결 팝업 창이 열리면 **[Image]**를 클릭합니다. ❸ 패널을 보면 요소와 필드가 연결되었음을 알 수 있도록 버튼의 색이 변경된 것을 확인할 수 있습니다. ❹ **[계속]** 버튼을 클릭하여 다음 과정을 진행합니다.

10 대량 제작하기 패널에 데이터와 요소가 연결되어 대량으로 제작될 전체 목록이 표시됩니다. ❶ 연결된 내용을 확인하고 이상이 없으면 ❷ **[디자인 n개 생성]** 버튼을 클릭합니다.

11 대량 제작된 새로운 에디터 화면이 열리고, 데이터 추가 창에 입력한 순서와 개수대로 페이지가 생성됩니다. [그리드 뷰] 아이콘을 클릭하여 생성된 전체 페이지를 확인해 봅니다.

디자인 한 걸음 더 — 다양한 앱으로 디자인 업그레이드하기

캔바의 자체 기능만으로도 충분하게 멋진 디자인을 완성할 수 있지만, 캔바와 호환되는 수많은 앱을 활용하면 더욱 쉽게 원하는 디자인을 완성할 수 있습니다. 캔바의 앱은 지속적으로 추가되고 있으므로 틈틈이 어떤 앱들이 있는지 확인해 보면 좋습니다.

캔바에서 제공 중인 앱 목록 확인은 홈 화면 혹은 에디터 화면에서 확인할 수 있습니다. 우선 홈 화면이라면 왼쪽에 있는 메뉴 바에서 [앱]을 클릭하여 확인할 수 있습니다. 다음과 같은 앱 화면이 열리면 화면을 스크롤하면서 카테고리별로 분류되어 있는 다양한 앱을 살펴보세요.

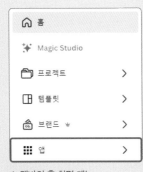

▲ 캔바의 홈 화면 메뉴

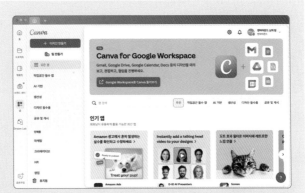

▲ 캔바에서 사용할 수 있는 다양한 앱 목록

괜찮은 앱을 찾았다면 선택하여 자세한 설명을 확인하고, [기존 디자인에서 사용] 버튼 또는 [새 디자인에서 사용] 버튼 중에서 원하는 방법을 클릭하면 됩니다.

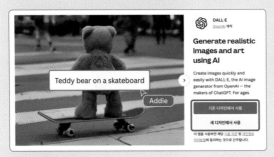

▲ 앱 상세 소개 팝업

앱 화면에서 쓸만한 앱을 찾은 후 바로 사용하지 않더라도 잘 기억해 놓고, 이후 에디터 화면에서 사용하면 됩니다. 에디터 화면의 도구 바에서 [앱]을 클릭한 후 검색창 등을 이용해 찾아서 선택하면 됩니다. 한 번 사용한 앱은 이후 도구 바에 고정되므로 이후 더욱 쉽게 사용할 수 있습니다.

에디터 화면의 도구 바 ▶

클릭 한 번으로
제품 목업 만들기

목업은 직접 제품을 제작하기 전에 디자인을 제품에 적용한 모습을 미리 확인하는 용도로 사용합니다. 캔바에는 8,000개가 넘는 고품질의 다양한 목업 소스들이 있어 클릭 한 번으로도 간편하게 제품의 목업 이미지를 생성할 수 있습니다.

01 캔바 홈 화면의 메뉴 바에서 [앱]을 클릭합니다.

02 다양한 앱 화면이 열리면 왼쪽 패널의 '추천' 영역에 있는 ❶ [Mockups]을 클릭합니다. 디지털 기기, 인쇄물, 패키지, 의류, 잡화 등 다양한 목업이 제공됩니다. ❷ 여기서는 [Technology] 카테고리에 있는 ❸ [Desktop]을 클릭해 봅니다.

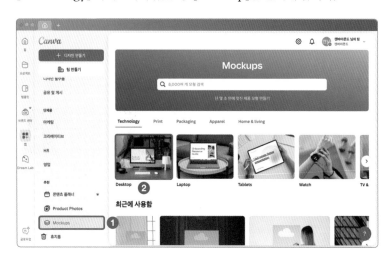

03 데스크톱 관련 다양한 목업 목록이 나타나면 사용할 목업을 클릭해서 선택합니다. 여기서는 첫 번째에 표시되는 유료(캔바 Pro 사용자용) 목업을 선택했습니다.

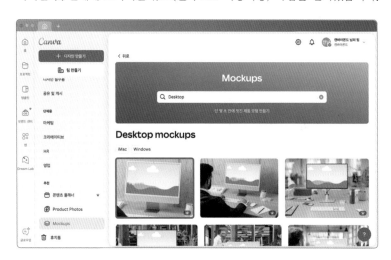

> **TIP** 무료 사용자라면 왕관 모양이 없는 목업을 사용하면 됩니다.

04 선택한 목업의 설명 화면이 열리면 ❶ **[선택]** 버튼을 클릭합니다. 이어서 목업에 반영할 사진이나 디자인을 선택할 수 있는 팝업 창이 열립니다. 여기서는 캔바에서 디자인한 결과물을 활용하기 위해 ❷ **[디자인]** 탭을 클릭한 후 ❸ 지금까지 작업한 디자인 중 하나를 선택했습니다.

05 선택한 디자인에 포함된 페이지 목록이 모두 표시되면 ❶ 목업에 사용할 페이지를 선택하고 ❷ **[다음]** 버튼을 클릭합니다.

06 선택한 디자인이 목업에 적용되었습니다. 부자연스러운 부분이 있다면 [**이미지 조정**] 버튼을 클릭하여 크기나 정렬 등을 조정하고, 이상이 없다면 그대로 [**목업 저장**] 버튼을 클릭합니다.

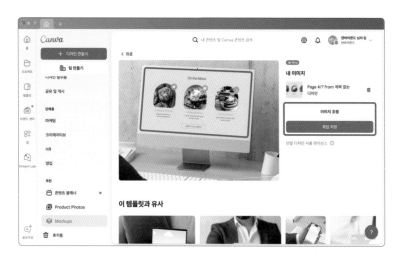

07 끝으로 완성한 목업 이미지를 다른 디자인에 활용하려면 [**디자인에 사용하기**] 버튼을, 이미지 파일로 저장하고 싶다면 [**다운로드**] 버튼을 클릭합니다.

LESSON 03

콘텐츠 플래너로 비즈니스 소셜 미디어 관리하기 Pro

비즈니스나 브랜딩용 소셜 미디어를 관리 중이라면 업로드할 콘텐츠도 중요하지만, 규칙적으로 콘텐츠를 업로드하는 스케줄도 무척이나 중요합니다. 하지만 규칙적인 관리가 결코 쉬운 일은 아니죠? 이때 캔바의 [콘텐츠 플래너] 기능을 이용하면 원하는 일정에 자동으로 콘텐츠가 발행될 수 있도록 예약할 수 있습니다.

01 캔바 홈 화면에서 [앱] 메뉴를 클릭하여 다음과 같은 앱 화면이 열리면 왼쪽 패널의 '추천' 영역에서 [콘텐츠 플래너]를 클릭합니다.

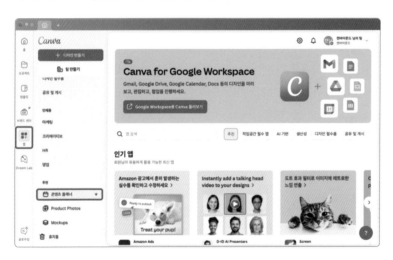

02 캘린더처럼 생긴 콘텐츠 플래너 화면이 열리면 콘텐츠 발행 일정 예약을 하기 전에 사용 중인 소셜 미디어 계정부터 연결해야 합니다. 캘린더 위쪽에 있는 여러 아이콘 중 **[소셜 계정 연결]**을 클릭합니다.

03 팝업 창이 열리고 여러 소셜 플랫폼 목록이 나타납니다. 여기서 연결할 플랫폼을 선택하면 됩니다. 여기서는 ❶ **[Instagram 비즈니스]** 계정을 선택합니다. ❷ 이후 안내 절차에 따라 계정을 연결합니다.

04 사용할 소셜 미디어 플랫폼에 연결했다면 이제 캘린더에서 콘텐츠를 업로드하고 싶은 날짜에 있는 [+] 버튼을 클릭합니다. [+] 버튼이 아닌 날짜를 클릭하면 보통의 캘린더처럼 일정을 기록할 수 있습니다.

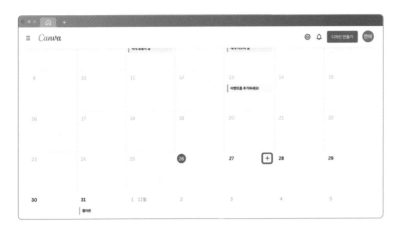

05 새로운 팝업 창이 열리면 ❶ 업로드할 디자인부터 선택합니다. [내 프로젝트] 버튼을 클릭하면 계정에서 작업한 전체 디자인 파일을 확인할 수도 있습니다. ❷ 그런 다음 [채널 선택하기] 버튼을 클릭하여 앞서 연결한 소셜 계정을 선택합니다.

TIP 지난 과정에서 소셜 계정 연결을 하지 않았다면 이 단계에서 [채널 선택하기] 버튼을 클릭하여 추가로 연결할 수도 있습니다.

06 디자인과 소셜 계정을 선택했다면 ❶ 콘텐츠 발행 일정을 확인하고, ❷ 업로드할 디자인 페이지를 선택한 후 ❸ 캡션을 입력합니다. ❹ 이제 **[일정 예약]** 버튼을 클릭하여 예약을 완료하거나, **[초안 저장하기]**를 클릭하여 이후에 다시 편집할 수 있도록 초안을 저장합니다.

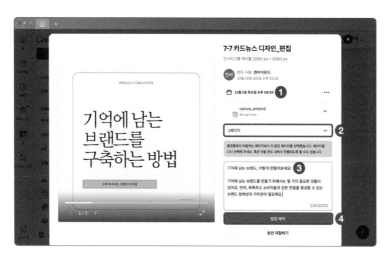

> **TIP** 콘텐츠 발행 일정이 잘못되었다면 날짜 오른쪽에 있는 […] 아이콘을 클릭해서 변경할 수 있습니다. 또한, 자동 발행 일정을 예약할 때 2장 이상의 페이지는 발행 일정 예약을 할 수 없습니다.

07 콘텐츠 발행 일정을 예약하면 다음과 같이 캘린더에서 해당 날짜에 업로드할 디자인과 플랫폼 종류가 아이콘 형태로 표시됩니다. 일정이나 내용을 변경하고 싶다면 콘텐츠 아이콘을 클릭하여 편집 후 다시 **[저장 및 일정 예약]**을 클릭하면 됩니다.

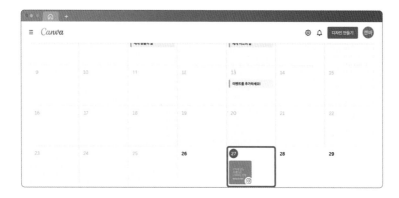

제가 콘텐츠 디자인을 배우고 얻게 된 가장 큰 결실은 바로 '내 생각을 자유롭게 표현할 수 있게 되었다'라는 것입니다. 그동안은 머릿속에 있는 내용을 표현할 방법을 몰라 답답했었는데, 디자인을 배운 후엔 마치 또 다른 손이 생긴 기분이었지요.

아마 과거의 저처럼 만들고 싶은 무언가는 있지만, 이를 시각화하는 데에 어려움을 겪는 분들이 많이 계실 겁니다. 게다가 1인 크리에이터 전성시대라고 할 수 있을 정도로 직접 콘텐츠를 만드는 비율이 높아지는 상황이기에, 그 수는 더 많을 거라 짐작해 봅니다. 하지만 동시에, 어떤 툴을 선택해야 할지에 대한 고민과 툴 사용법을 따로 배워야 한다는 부담감을 느끼고 있는 분들도 많겠지요.

지난 5년 동안 직접 콘텐츠를 만들면서 여러 가지 툴을 사용해 봤지만, 결국 제가 정착한 툴은 이 책에서 소개하는 '캔바'입니다. 캔바에는 콘텐츠 제작에 필요한 기능들이 모두 갖추어져 있기 때문에 다른 툴을 추가로 사용하지 않아도 되어 비용을 절약할 수 있습니다. 또한 사용법이 간단하여 배우는 시간을 절약할 수 있다는 장점이 있습니다. 한마디로 설명하자면 '콘텐츠 제작을 가장 효율적으로 할 수 있게 해주는 툴'이라고 할 수 있을 것 같네요.

이 책은 여러분이 캔바를 쓰다가 막히는 부분이 있을 때 꺼내어 볼 수 있는 해답지 같은 존재가 되길 바라는 마음으로 준비했습니다. 캔바 혹은 비슷한 디자인 툴 사용에 익숙하지 않은 분들도 처음부터 차근차근 따라 한다면 마지막 장에 이르러서는 여러분만의 콘텐츠를 직접 완성할 수 있을 것입니다.

제가 경험했던 것처럼 여러분도 캔바를 통해 '표현의 자유'를 얻게 되길 바라며, 새로운 배움을 응원합니다.

캔바 아몬드 드림

찾아보기

찾아보기

진솔한 서평을 올려 주세요!

이 책 또는 이미 읽은 제이펍의 책이 있다면, 장단점을 잘 보여 주는 솔직한 서평을 올려 주세요.
매월 최대 5건의 우수 서평을 선별하여 원하는 제이펍 도서를 1권씩 드립니다!

- **서평 이벤트 참여 방법**
    ❶ 제이펍 책을 읽고 자신의 블로그나 SNS, 각 인터넷 서점 리뷰란에 서평을 올린다.
    ❷ 서평이 작성된 URL과 함께 **review@jpub.kr**로 메일을 보내 응모한다.

- **서평 당선자 발표**
    매월 첫째 주 제이펍 홈페이지(**www.jpub.kr**)에 공지하고, 해당 당선자에게는 메일로 연락을 드립니다.
    단, 서평단에 선정되어 작성한 서평은 응모 대상에서 제외합니다.

독자 여러분의 응원과 채찍질을 받아 더 나은 책을 만들 수 있도록 도와주시기 바랍니다.